A Estratégia PowerX

Como Operar Ações e Opções em apenas 15 minutos por dia

Segunda Edição

Por Markus Heitkoetter

Traduzido por Luiz Eduardo Rosa Oliveira

 ISBN 978-0-692-04859-7

Information within this publication contains "forward-looking statements" within the meaning of Section 27A of the Securities Act of 1933 and Section 21B of the Securities Exchange Act of 1934. Any statements that express or involve discussions with respect to predictions, goals, expectations, beliefs, plans, projections, objectives, assumptions, or future events or performance are not statements of historical fact and may be "forward-looking statements." Forward-looking statements are based on expectations, estimates, and projections at the time the statements are made that involve a number of risks and uncertainties which could cause actual results or events to differ materially from those presently anticipated. Investing involves the risk of loss as well as the possibility of profit. All investments involve risk, and all investment decisions of an individual remain the responsibility of that individual. Option and stock investing involves risk and is not suitable for all investors. Past performance does not guarantee future results. No statement in this book should be construed as a recommendation to buy or sell a security. The author and publisher of this book cannot guarantee that the strategies outlined in this book will be profitable and will not be held liable for any possible trading losses related to these strategies.

All information provided within this publication pertaining to investing, options, stocks, and securities is educational information and not investment advice. Rockwell Trading is not an investment advisor and recommends all readers and subscribers to seek advice from a registered professional securities representative before deciding to invest in stocks and options featured within this publication. None of the material within this publication shall be construed as any kind of investment advice. Readers of this publication are cautioned not to place undue reliance on forward-looking statements, which are based on certain assumptions and expectations involving various risks and uncertainties that could cause results to differ materially from those set forth in the forward-looking statements. Please be advised that nothing within this publication shall constitute a solicitation or an invitation to buy or sell any security mentioned herein. The author of this publication is neither a registered investment advisor nor affiliated with any broker or dealer.

Although every precaution has been taken in the preparation of this publication, the publisher and author assume no liability for errors and omissions. This publication is published without warranty of any kind, either expressed or implied. Furthermore, neither the author nor the publisher shall be liable for any damages, either directly or indirectly arising from the use or misuse of the book. Users of this publication agree to indemnify, release and hold harmless Rockwell Trading, its members, employees, agents, representatives, affiliates, subsidiaries, successors, and assigns (collectively, "The Companies") from and against any and all claims, liabilities, losses, causes of actions, costs, lost profits, lost opportunities, indirect, special, incident, consequential, punitive, or any other damages whatsoever and expenses (including, without limitation, court costs and attorneys' fees) ("Losses") asserted against, resulting from, imposed upon or incurred by any of The Companies as a result of, or arising out of this agreement and/or your use of this publication. This publication is designed to provide accurate and authoritative information in regard to the subject matter covered. It is sold with the understanding that the author and publisher are not engaged in rendering legal, accounting, or other professional services. If legal advice or other expert assistance is required, the services of a competent professional person should be sought. Use of the material within this publication constitutes your acceptance of these terms.

HYPOTHETICAL PERFORMANCE RESULTS HAVE MANY INHERENT LIMITATIONS, SOME OF WHICH ARE DESCRIBED BELOW. NO REPRESENTATION IS BEING MADE THAT ANY ACCOUNT WILL OR IS LIKELY TO ACHIEVE PROFITS OR LOSSES SIMILAR TO THOSE SHOWN. IN FACT, THERE ARE FREQUENTLY SHARP DIFFERENCES BETWEEN HYPOTHETICAL PERFORMANCE RESULTS AND THE ACTUAL RESULTS SUBSEQUENTLY ACHIEVED BY ANY PARTICULAR TRADING PROGRAM.

ONE OF THE LIMITATIONS OF HYPOTHETICAL PERFORMANCE RESULTS IS THAT THEY ARE GENERALLY PREPARED WITH THE BENEFIT OF HINDSIGHT. IN ADDITION, HYPOTHETICAL TRADING DOES NOT INVOLVE FINANCIAL RISK, AND NO HYPOTHETICAL TRADING RECORD CAN COMPLETELY ACCOUNT FOR THE IMPACT OF FINANCIAL RISK IN ACTUAL TRADING. FOR EXAMPLE, THE ABILITY TO WITHSTAND LOSSES OR TO ADHERE TO A PARTICULAR TRADING PROGRAM IN SPITE OF TRADING LOSSES ARE MATERIAL POINTS WHICH CAN ALSO ADVERSELY AFFECT ACTUAL TRADING RESULTS. THERE ARE NUMEROUS OTHER FACTORS RELATED TO THE MARKETS IN GENERAL OR TO THE IMPLEMENTATION OF ANY SPECIFIC TRADING PROGRAM WHICH CANNOT BE FULLY ACCOUNTED FOR IN THE PREPARATION OF HYPOTHETICAL PERFORMANCE.

Agradecimentos

Esse livro é fruto de um esforço de equipe e eu quero agradecer a todos que ajudaram-me a trazê-lo à vida.

Um agradecimento especial a todos da minha equipe na Rockwell Trading: Vocês são os melhores do Mundo!

Quero agradecer a todos da família Rockwell, especialmente meus alunos e clientes da mentoria, pelo seu poderoso apoio e encorajamento em trazer a Estratégia PowerX para o mundo. Sua satisfação e os resultados que foram alcançados através dessa estratégia inspiraram-me em compartilhá-la com outros.

Por último, mas não menos importante, eu quero agradecer meus filhos Julius e Vivian por me inspirarem a ser o melhor que eu posso ser, de modo que, eu seja um grande modelo para vocês.

Sumário

Agradecimentos iii

CAPÍTULO 1 Um Épico Naufrágio — Você está preparado? 1

Experiências "Titanic" no mercado *3*

Predictores de Mercado para se Observar *4*

Quem sou eu? E por que você deveria me escutar? *8*

CAPÍTULO 2 O que é a Estratégia PowerX? 17

O que é Trading? *17*

O que faz a Estratégia PowerX tão poderosa? *20*

Chave 1: Encontrar as Melhores Ações *24*

Chave 2: Limitar seus Riscos (Regra de Ouro) *27*

Chave 3: Realizar seus Lucros *29*

CAPÍTULO 3 A Estratégia PowerX 35

Parte 1: Configurando seus Gráficos *36*

Indicador 1: Slow Stochastic (Stochastic %K) 40

Indicador 2: Relative Strength Index (RSI) 42

Indicador 3: Moving Average Convergence Divergence (MACD) 44

Parte 2: Quando Entrar em uma Operação *49*

Parte 3: Quando sair de uma operação *56*

1 Saída: Stop Losses 58

2 *Saída*: Lucro Alvo 63

3 *Saída*: Saída na Barra Preta 66

CAPÍTULO 4 Potencialize sua conta com Opções............ 70

Operando Opções 101 73

Compreendendo Strike Prices 75

Compreendendo datas de expiração 78

Tamanho de um Contrato de Opção 80

Estratégias em Opções 81

Um Exemplo de uma Operação de Opções 83

CAPÍTULO 5 Operando Opções com a Estratégia PowerX 86

Selecionando a Melhor Opção 86

Quando Entrar em uma Operação de Opções 90

Quando Sair de uma Operação de Opções 90

CAPÍTULO 6 Como transformar uma pequena conta em uma grande 93

Gerenciamento de Capital 101 94

Compreendendo O Gerenciamento de Capital 95

Por que Gerenciamento de Capital é Importante? 96

O Melhor Sistema de Gerenciamento de Capital 99

CAPÍTULO 7 Operando ciladas... e como EVITÁ-LAS 106

ERRO #1:Brincar na sua Conta Simulação 107

ERRO #2: Operar sem fundos 109

ERRO #3: Falhando na Execução do seu Plano 112

ERRO #4: Não ter Expectativas Realistas. 115

ERRO #5: Preocupando-se por Pequenas Coisas 117

ERRO #6: Não Ver o Mercado como um todo *119*

ERRO #7: Medo de Perdas *120*

ERRO #8: Operar sem Limites *122*

ERRO #9: IMPLODINDO *122*

ERRO #10: Tentar Vingar-se do Mercado *125*

CAPÍTULO 8 O que é Preciso para ser um trader? 127

CAPÍTULO 9 Conheça seus números, A Importância de um Diário de Trading..133

Maximizando o Coluna de Comentários *137*

O que você vai descobrir *138*

Como arquivar seu Diário *139*

CAPÍTULO 10 Planeje sua Própria Rota 140

Nota: *Haverão gráficos nesse livro que poderão ser mais fáceis de serem entendidos quando vistos em cor. Por favor, acesse* **PowerXStrategy.com/gift** *para baixar o guia completo com todos os gráficos coloridos de graça.*

CAPÍTULO 1

Um Épico Naufrágio — Você está preparado?

O Titanic era o maior navio de sua época, uma façanha da arquitetura e da engenharia, conquista que impressionou todo o planeta. TODOS gostariam de estar naquele navio quando ele zarpou em Abril de 1912. O Titanic era o navio inafundável, NADA poderia abalar esse navio de luxo. Da escada épica aos banhos turcos aos passageiros mais ricos de todo o mundo, tudo sobre o navio era de cair o queixo.

Os construtores do navio estavam tão confiantes na habilidade do Titanic em resistir a qualquer coisa que o navio só contava com 20 botes salva vidas. Mas ninguém pensou duas vezes. O Titanic era inafundável. Esse era o lugar para se estar. Até que não era.

Na noite de 14 de Abril de 1912, o Titanic atingiu um iceberg no lado direito do casco. Pelas próximas horas o navio afundava no congelante Oceano Atlântico e mais de 1500 pessoas morreram.

Durante todo o naufrágio ninguém podia acreditar que isso estava acontecendo. Esse era o navio inafundável. Isso não devia ter acontecido, nem hoje nem NUNCA.

O capitão viu o iceberg vindo e até mesmo o assistiu colidir contra o casco do navio, mas nesse ponto suas mãos estavam amarradas — Não havia nada que ele pudesse fazer para impedir esse desastre de acontecer.

É a mesma coisa no Mercado — Os grandes veem a crise do mercado vindo, mas, quando eles finalmente colocam suas cabeças no lugar, é tarde demais. O desastre está feito.

Nos dois cenários — O naufrágio do Titanic e as grandes crises de mercado — NÃO DEVERIAM acontecer. Especialistas acreditavam que NÃO PODERIA. Mas aconteceu, sempre poderá e sempre irá acontecer.

Há coisas que não podemos contar com a sorte - Nossa segurança, nossas vidas e nossa riqueza. Os passageiros e construtores do Titanic não tinham um plano B porque eles acreditavam que o navio era inafundável. Infelizmente, isso os levou a morte prematura.

Experiências "Titanic" no mercado

Nós vemos algo similar no mercado. Agora mesmo nós estamos em um Mercado Overbought (Sobrecomprado) — que significa que nosso próximo naufrágio está próximo. A maioria dos analistas experientes estão dizendo que essa crise será diferente de tudo que já vimos antes, com perdas que podem chegar a valores de até $68 trilhões. Isso vai quebrar milhões e milhões de americanos e, potencialmente, milhões de investidores pelo mundo. A mídia também está começando a perceber.

As manchetes da Bloomberg dizem: "Esteja preparado para o Bear Market" (Mercado de Baixa) e diz para os leitores para estarem preparados não importando o que um presidente faça: "O presidente não será capaz de impedir a queda.", eles explicam, "Realmente, não importa o que ele faça."

O Street diz, "Uma épica crise no mercado de ações está chegando, adverte o analista veterano Peter Schiff." O Economist avisa uma "queda de 80% no mercado de ações", citando notáveis como Jim Rogers, que fundou O Quantum Fund com George Soros, Mark Faber, Andrew Smithers e até mesmo O Royal Bank of Scotland, todos alertando que a Queda será em breve e devastadora. Os capitães do navio estão vendo tudo isso, mas ainda há alguns dizendo que está tudo ÓTIMO: Wall Street.

Por quê? Eles fazem isso porque eles não querem que você tire seu dinheiro das contas e dos fundos deles. Imagine se cada um dos clientes resgatasse? O mercado cairia imediatamente.

As firmas de investimento e corretoras cobram taxas para cada centavo do seu dinheiro. É do interesse deles mantê-lo lá — e é do interesse deles dizer-lhe que o mercado está bom e que os rumores da possível queda são só RUMORES. Eles são os construtores do navio dizendo que você não precisa de botes salva vidas pois nada ruim irá acontecer.

Não importa o que eles dizem, o mercado vai cair. Tipicamente nós experimentamos um mercado de baixa a cada 5 anos — e já fazem 8 anos sem um.

Como isso te impacta? Você não quer ir quebrando junto com o mercado porque você falhou em se preparar. Até mesmo em Bear Markets há oportunidades para Traders e é exatamente assim que A Estratégia PowerX entra em jogo. Quando o mercado quebra, você vai velejando em torno do Titanic ganhando dinheiro enquanto todos os outros investidores caem nas frias águas do Atlântico.

Predictores de Mercado para se Observar

S&P 500 Bear Markets desde a Segunda Guerra

Pico	Final	%Declínio	# Dias
May 1946	Oct. 1946	-26.6%	133
June 1948	June 1949	-20.6%	363
July 1957	Oct. 1957	-20.7%	99
Jan. 1962	June 1962	-26.4%	174
Feb. 1966	Oct. 1966	-22.2%	240
Nov. 1968	May 1970	-36.1%	543
Jan. 1973	Oct. 1974	-48.2%	630
Sept. 1976	Mar. 1978	-19.4%	531
Nov. 1980	Aug. 1982	-27.1%	622
July 1987	Dec. 1987	-33.5%	101
July 1990	Oct. 1990	-19.9%	87
July 1998	Aug. 1998	-19.3%	45
Mar. 2000	Oct. 2002	-49.1%	929
Oct. 2007	Mar. 2009	-56.8%	517
Apr. 2011	Oct. 2011	-19.4%	157
Médias:		**-29.7%**	**345**

Esse gráfico mostra os Bear Markets desde a Segunda Guerra

Mundial e você pode ver que uma tendência de queda acontece tipicamente a cada cinco anos. Em 2000, A bolha dot-com estourou e o mercado caiu 49%. em 2007, A bolha imobiliária estourou e o mercado caiu 56%. Em Abril de 2011, nós tivemos uma pequena correção e o mercado caiu 19%. **Siga essa tendência e ficará claro que um Bear Market é Eminente.** Dê uma olhada na seguinte tabela de DOW JONES de 1995 até 2017:

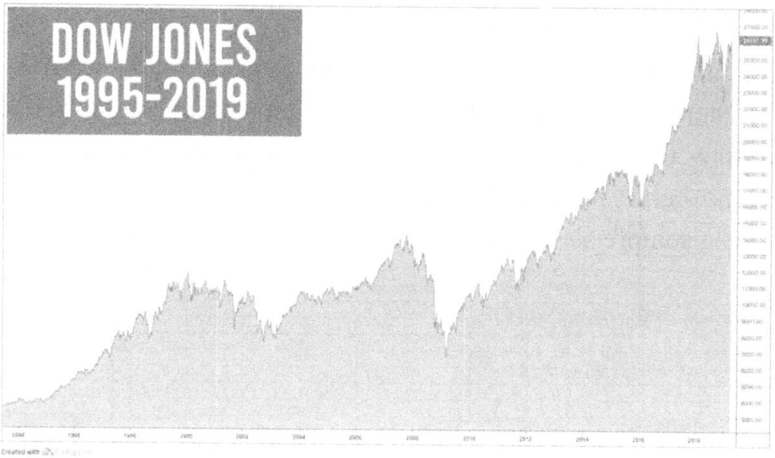

Isso são os números mensais começando de 1995 até o começo de 2017. Em 1995, O Mercado estava com uma tendência de alta (BullMarket). Nós tivemos uma pequena correção em 1998, mas, depois disso, ele moveu-se cada vez mais alto. Então os anos 2000 chegaram — e você sabe o que aconteceu. Tudo mudou e o mercado chegou ao fundo do poço, caindo 48% em questão de meses.

Levou oito anos para a Recuperação do DOW. Então, justo quando estávamos prontos para restaurá-lo.

O mercado imobiliário quebrou e os preços afundaram

novamente. Então o mercado subiu até a mini recessão acontecer em 2011 e lá vamos nós para baixo… de novo.

Embora havia uma pequena correção em 2011 e alguma volatilidade em 2015 e 2016, desde 2009, o DOW estava crescendo regularmente. No momento que escrevo esse livro, nós estamos no topo e continuamente atingindo novos recordes de alta todos os dias.

Não importa como você olha para isso, o ciclo continua consistente — Nós subimos, temos uma pequena correção, subimos mais e todos assumem que o mercado continuará na direção certa. Mas, cedo ou tarde, haverá outra queda — A história sempre se repete.

Você consegue ver como os padrões atuais se parecem com as últimas duas quedas? E como uma correção é eminente?

Entretanto, existe um lado positivo nisso tudo. Com A Estratégia PowerX você poderá, potencialmente, ganhar dinheiro antes, durante e depois da crise. Enquanto todos estão perdendo aposentadoria e as economias para as profundezas geladas, você estará ativamente operando sua conta e poderá lucrar com a volatilidade do Mercado.

Vamos encarar isso, nós todos estamos no Titanic que é o Mercado de Ações. Cada um de nós, incluindo eu, está em curso para o próximo iceberg, porém, nós não precisamos bater. Nós podemos entrar em uma lancha e navegar lucrando enquanto outros colidem e afundam seu navio financeiro.

Então. Como você entra a bordo da lancha?

Sua passagem é a Estratégia PowerX, diferentemente da vasta maioria dos investidores, você não ficará preso a todas os ativos do mercado e não afundará com esse navio. Você estará envolvido em ações individuais, muitas vezes desconhecidas, que geram lucros rapidamente em ambas as direções, alta e baixa.

Isso tudo começa aqui com A Estratégia PowerX. Você pode ganhar dinheiro no Mercado Financeiro se você tiver:

1. Uma Estratégia comprovada
2. Um Sólido Plano de Trading
3. A disciplina para seguir a sua estratégia — o que pode ser feito em apenas 15 minutos por dia.

Nós vamos falar sobre todos esses detalhes nesse livro. Você também aprenderá o segredos de começar com uma conta pequena e fazê-la crescer mais e mais. E como você poderá, se você souber seus números e puder aprender e crescer com seus erros, ter o que precisa para ter sucesso como trader.

Com o PowerX você poderá...

- ☐ Aumentar sua riqueza.
- ☐ Proteger-se da queda do mercado — uma queda que SEMPRE VIRÁ.
- ☐ Ganhar segurança para você e sua família, ao conquistar liberdade financeira de uma vez por todas.
- ☐ Aprender como construir um legado para você e sua família que se estenda para seus filhos, seus netos e além.

Eu vou te avisar, não será sempre fácil. Entretanto, é muito factível. As pessoas que dizem que não é possível ganhar dinheiro em todos os ciclos do mercado são aquelas que não conseguem fazer por elas mesmas. Eles não tem uma estratégia de trading comprovada como você terá.

Com a PowerX, você terá ferramentas, recursos e direção para ganhar dinheiro no mercado. Eu estarei aqui passo por passo ajudando você a chegar aonde você quer.

Bem vindo a bordo!

Quem sou eu? E por que você deveria me escutar?

Meu nome é Markus Heitkoetter e, em 2002, eu saí da Alemanha e fui para os Estados Unidos. Naquele tempo, eu tinha $30.000 no meu bolso. Hoje, sou multimilionário.

Meu sistema é simples, direto e, se você seguir ao pé da letra, poderá mudar sua vida. Ele é totalmente focado em levar você ao seu objetivo de independência financeira por meio de riqueza consistente e de longo prazo.

Então, como vamos iniciar e levar-te de onde você está hoje para onde deseja estar amanhã? Tornando-te em um Trader inteligente, estratégico e sistemático, começando AGORA. Minha estratégia PowerX é para novos traders, traders experientes e até mesmo aqueles que não sabem nada sobre trading. Mais de 461.752 pessoas aprenderam minha estratégia na última década. E agora estou compartilhando-a com VOCÊ!

O meu primeiro trading foi no final dos anos 80 quando eu estava no ensino médio. Naquela Época, se você queria comprar ações, precisava ir a um banco. Eu fui no Deutsche Bank e abri minha conta com algumas economias — 50 Marcos alemães, que eram equivalentes a 50 dólares.

Qual meu método? Eu perguntei ao gerente o que eu poderia comprar. Não era a melhor estratégia, mas, eu comprei um Share (uma ação) da Volkswagen.

No dia seguinte, coloquei 20 centavos no telefone público da escola e liguei para meu bancário.

"Como está minha ação?" eu o perguntei.

"Bom, está sendo operada a 50,20 Marcos" ele me respondeu. Fiquei emocionado! Eu tinha ganhado dinheiro no mercado de ações sem fazer nada. Eu não me importava que fosse só 20 centavos. Eu estava 20 centavos mais rico do que no dia anterior. Eu estava a caminho de lucros reais. Foi um dos melhores momentos da minha vida.

Algumas horas depois, liguei novamente: "Como está minha ação?" Eu perguntei.

"Chegamos a 50,35 Marcos," ele disse. Naquela mesma noite em casa, eu liguei novamente.

"Nós fechamos em 50,40 Marcos," o bancário me disse. Fui dormir naquela noite em estado de êxtase total. Eu sou um Trader, eu pensei, enquanto adormecia. Eu estou fazendo dinheiro agora mesmo

No terceiro dia, eu liguei novamente.

"Markus," O bancário perguntou, "Quanto dinheiro você espera ganhar com essa ação?" Eu pensei sobre isso.

"10 Marcos," Eu respondi, decididamente.

"Então 20%? esse é seu objetivo?"

"Sim." Eu não sabia direito o que ele queria.

"Eu vou fazer isso para você. Venha ao banco hoje depois da escola e eu vou te dar 10 Marcos. Só peço que PARE DE ME LIGAR!!"

Eu fiz meu primeiro Trade Lucrativo, eu pensei. Não importava que aqueles 10 Marcos eram para parar com minhas constantes ligações. eu não importei. Tudo que eu via era o potencial — e o LUCRO.

O que eu queria vs O que eu fiz

Depois do ensino médio, Eu me preparava para dar um salto e viver de Trade — Mas meus pais não estavam exatamente entusiasmados com esse sonho. Ter um bancário dando-lhe 10 Marcos para ir embora e iniciar uma carreira financeira de sucesso são duas coisas muito diferentes. Eu não via assim, tudo que eu via era os 0,40 centavos de lucro que fiz em questão de dias com uma única ação da Volkswagen.

No final das contas, tomei o caminho seguro e responsável. Fui para a faculdade e consegui um emprego na IBM. Eu desisti do meu sonho por não ter apoio dos outros — e eu sempre vou me arrepender disso. Quanto mais pessoas eu converso em meus eventos e seminários internacionais, mais eu ouço experiências semelhantes — pessoas que queriam tentar algo novo, seguir seus sonhos ou começar no trading, mas, por causa dos puxões para trás de outros, eles voltaram ao caminho mais tradicional e "seguro", como eu fiz.

Eu trabalhei na IBM e, rapidamente, construí uma carreira para mim na divisão de consultoria de serviços globais. Eu estava viajando pelo mundo a trabalho e me hospedando nos melhores hotéis do mundo. Voando na primeira classe e dirigindo uma BMW quando eu me toquei. Eu estava vivendo a vida, mas tinha um preço. Eu trabalhava de 6 a 7 dias, 60 a 80 horas por semana. Eu estava cansado, exausto.

Nunca vou esquecer esse momento, eu estava sentado em um quarto de hotel cinco estrelas em Viena após um longo dia. As luzes estavam fracas, o ar abafado e fedia a produtos de limpeza, tudo estava silencioso, muito silencioso. Em casa, todos celebravam um aniversário de um amigo, meus amigos e familiares pararam de me convidar porque eu sempre disse não. Sempre tive que trabalhar.

Sentado ali sozinho, percebi. Não tinha tempo para família ou amigos. Não tinha hobbies nem paixões. Eu estava com as algemas douradas que me mantinham amarrado a esse trabalho. O que eu estava fazendo da minha vida? Seria isso então?

Encontrando meu significado

Logo então eu recebi uma ligação. A IBM, a empresa para a qual eu dei tudo, estava se fundindo com a Pricewaterhouse Coopers e 4.600 empregos seriam eliminados imediatamente. Com certeza, eu era um leal e esforçado empregado, mas nessas situações até eu era substituível. Eu tinha dado tudo para a empresa e agora parecia que estava à beira de perder até isso. Esse foi um dos piores dias e mesmo não sabendo como, de uma coisa eu sabia, eu precisava sair. Eu precisava ter minha vida de volta.

Eu finalmente entendi a armadilha! Eu estava trocando tempo por dinheiro. Embora o dinheiro fosse bom, sacrifiquei tudo o que eu já tinha e todo o meu futuro para conseguí-lo. **Eu estava no piloto automático profissional. Eu não estava vivendo a vida, estava simplesmente vivendo para o trabalho.**

Eu queria viver uma vida cheia de pessoas, lugares e experiências que importavam. eu estava cheio de trabalhar de 10 a 12 horas por dia para realizar o sonho de alguém. Eu quero liberdade. **Eu queria encontrar a mim mesmo e MINHA vida.**

Em 2002, eu fiz minhas malas, disse adeus e me mudei para 8.820

quilômetros longe de Munique, Alemanha, para Austin, Texas nos Estados Unidos. Quando cheguei lá, eu disse para mim mesmo que era tudo ou nada no meu sonho de colégio. Eu operava no mercado financeiro desde o colégio, mas não em tempo integral. Eu sabia que se tivesse mais tempo, poderia fazer funcionar.

Eu cheguei no texas com 30.000 dólares no meu bolso. Dessa quantia, coloquei 20.000 em uma conta de Trading. Eu estava em êxtase. Agora eu poderia finalmente seguir minha paixão! Mal sabia eu que meus sonhos estavam prestes a ser destruídos novamente.

O Mercado me esmagou.

Isso não é um conto de fadas e não sou um herói mítico, acredite em mim! Eu não investi meus $20.000 e o vi crescer e crescer enquanto admirava o pôr-do-Sol. Eu não transformei $20.000 em $200.000 ou $2 milhões em uma noite.

Negativo. Eu fui ESMAGADO. Em apenas algumas semanas minha conta já estava abaixando, e depois de alguns meses eu já tinha perdido metade. Repentinamente, eu não tinha ideia do que fazer.

Não era como eu me lembrava. Aonde estavam os lucros diários da minha ação da Volkswagen? Onde estava o potencial ilimitado? O entusiasmo? O potencial massivo de rentabilidade?

Em um instante, eu tinha desistido do meu emprego tão bem remunerado, mudei-me para outro país e acabei com o dinheiro que coloquei na conta para atingir meus objetivos, agora, eu estava em queda livre além de gastar mais de 10 horas todo dia atado ao computador.

Eu tinha me dado um ano para me ajustar à nova vida e em apenas quatro meses eu não poderia imaginar tendo mais oito pela frente, eu estava acabado — mentalmente, emocionalmente e financeiramente.

Minha Virada de Chave

Eu nunca me esquecerei desse momento, eu estava sentado à mesa da minha cozinha, minha cabeça nas minhas mãos, encarando os meus diários de Trading e extratos com aquela sensação ruim no estômago. *É isso*, eu pensei. *esse é o ponto de ruptura e eu não sei o que eu posso fazer para me manter longe de voltar para minha vida antiga.*

então, repentinamente, eu vi a luz no fim do túnel. eu encarei meus resultados e a resposta me encarou de volta. Eu vi o que estava fazendo de errado e como consertar. Eu voltei a realidade. Revigorado, eu apliquei as novas ideias nos meus trades. Em alguns meses, Eu estava lucrando.

Eu não teria que voltar para a IBM ou achar alguma outra sugadora de almas. Eu poderia ter minha vida e ser um trader e alcançar um equilíbrio que funcionasse para MIM.

Resumindo, eu poderia ter liberdade financeira — verdadeira riqueza que poderia transformar o estilo de vida, para mim e minha família, Agora e no futuro.
Durante esse período de montanha russa, Eu me lembrava sempre de um princípio fundamental para minha vida e para meu empreendimento como trader.

Trading é igual a Liberdade.

Direi novamente,

Trading é igual a Liberdade.

Haverão desafios. Você irá perder dinheiro algumas vezes. Alguns dias serão muito difíceis. Você terá que lidar com os opositores, críticos e a dúvida que surge quando você menos espera.

Mas, no final do dia, lembre-se, Trading é igual a Liberdade. Liberdade do "Homem." Liberdade da Rotina. Liberdade da dependência de um salário. Liberdade dos medos e incômodos sobre suas finanças, sua família e seu futuro. Eu ansiava por liberdade e consegui. Eu quero isso para você também.

O que veio desse período foi um sistema experimentado, testado e validado que me ajudou a assumir o controle do meu futuro financeiro, maximizando oportunidades e reduzindo riscos.

Os princípios da Estratégia PowerX foram pensados durante aquele período inicial em Austin e foi exatamente como eu consegui aumentar minha conta enquanto eu realizava meu sonho em viver a vida do meu jeito e viver de trading.

Trazendo A Estratégia PowerX a Vida

Meu objetivo agora é levar a Estratégia PowerX para outras pessoas. Eu Descobri os segredos do mercado que funcionam para mim e agora tenho a liberdade que sempre quis. está na hora de passar para você.

Agora é a sua vez. Você não tem desculpas para não tentar também. Eu entendo — o medo, a ansiedade e a falta de autoconfiança podem te impedir. Nós fomos ensinados a seguir o caminho mais tradicional — vá para faculdade, arrume um emprego respeitável, ganhe um salário consistente e, eventualmente, se aposente com uma renda fixa. Não importa se gostamos ou se QUEREMOS. Esse é o "sonho". Mas, vamos ser honestos, o quão "sonhador" isso parece para você?

Se isso soa familiar — se você está vivendo uma vida que não ama — Pare com isso AGORA!

Você tem o poder de mudar TUDO para algo melhor. Você tem o poder de se aprimorar e, finalmente, libertar-se das algemas douradas que te mantém na rotina de um emprego.

Você pode fazer isso. Trading pode significar Liberdade para você também.

E quando de fato significar, você nunca olhará para trás.

Espere se perguntar: "Por que não fiz isso mais cedo?"

CAPÍTULO 2

O que é a Estratégia PowerX?

A Estratégia PowerX é uma estratégia de Trading e não de investimentos

O que é Trading?

Primeiramente, vamos ver o que NÃO é:

- **Trading não significa ficar sentado na frente do computador o dia todo.**

Há um mito que traders ficam sentados o dia e a noite toda na frente dos seus computadores vigiando o mercado como um gavião. Mesmo que seja verdade para alguns traders, não é disso que estamos falando.

Uma vez aprendido como operar com a estratégia PowerX, você só precisará de 15 minutos por dia.

- **Trading NÃO significa analisar balanços e índices estranhos.**

Quando você estiver operando, você depende principalmente de indicadores para tomar uma decisão. Ao usar a estratégia PowerX, você vai segurar a posição por 5 a 20 dias. Você NÃO está procurando por uma ação crescer 10 vezes mais. Tudo que você quer é uma a ação que esteja pronta para se mover de 5 a 15% nas próximas semanas. Portanto, você não precisa analisar balanços, declarações de lucros e perdas, relação preço-lucro, Capitalização de Mercado, etc. Tudo que você precisa saber é olhar o gráfico de uma maneira técnica. Você aprenderá como fazer isso mais tarde neste capítulo

Então. O que é Trading?

- **Trading, simplesmente, significa tomar controle do seu futuro financeiro ao, ativamente, comprar e vender ações ou opções.**

Para ter sucesso. Você precisa de recursos e ferramentas, eu vou ensinar sobre isso nesse livro.

- **Trading significa checar sua conta todo dia - 15 minutos por dia - e tomar ação.**

Você se lembra do Titanic? Você vai quer reagir antes de colidir no Iceberg, é disso que se trata ser ativo: Você vai checar suas posições toda noite e tomar decisões para o próximo dia.

- **Trading significa potencializar-se com uma estratégia comprovada para aumentar sua conta.**

E a Estratégia PowerX que você está prestes a aprender é exatamente isso: Uma estratégia comprovada para trading que pode te ajudar a levar sua conta para o próximo nível.

Importante: eu não quero que você pense que vai fazer $10.000 no seu primeiro dia - a não ser que você esteja operando numa conta de 1 milhão.

Tive muitos dias com grandes lucros, mas trading não é um esquema para enriquecimento rápido. Se alguém te disser que é um bilhete premiado para ser um milionário, corra para longe e rápido.

Sucesso no trading depende de estratégias inteligentes e se baseia em ganhos relativamente pequenos no início. Esses pequenos ganhos continuam a alimentar seu portfólio e permitem que você aprimore suas habilidades e refine seu sistema. uma só operação não vai te tornar rico. A consistência é mais importante do que apenas "uma operação de sorte". Concentre-se em lucros pequenos e consistentes e, com o tempo, verá resultados fantásticos.

Os melhores traders exibem essas qualidades todos os dias. Eles são completamente disciplinados em seu sistema e se concentram no longo prazo. Ao ser consistente e decisivo, você vai estar em uma boa condição para aumentar sua conta, gerando riqueza e tendo sucesso hoje e amanhã. Mas você precisa investir tempo, disciplina e paciência, além do conhecimento que compartilharei nos próximos capítulos. Faça isso e você aumentará as chances de ganhar dinheiro nos mercados.

Resumindo, trading é como um jogo de xadrez. Você precisa estar focado e sempre pensando vários passos à frente. Se você for capaz de fazer isso - e você será com a Estratégia PowerX — você poderá tomar decisões rápidas e expandir sua conta de forma consistente.

O que faz a Estratégia PowerX tão poderosa?

Se você quiser ser um Trader de sucesso você DEVE ter uma estratégia comprovada de trading. Sem uma você certamente falhará.

Se você procurar na internet "Estratégias de Trading", você verá mais de 6.020.000 resultados! Então. Como você encontraria a que melhor para você?

Aqui estão meus critérios para uma boa estratégia:

1. **Fácil de aprender e de entender.**

   Uma ótima estratégia de trading deveria ser fácil de aprender e de entender. Se você não puder explicar uma estratégia em 5 minutos ou menos, ela é muito complicada. Uma estratégia comprovada trading usa pouquíssimas regras para minimizar os erros e você verá que A Estratégia PowerX só tem três regras.

2. **Simples de executar.**

Uma ótima estratégia tem regras bem definidas quenão deixam margem para interpretação. Ela permite que você aplique as regras e tome uma decisão instantaneamente - sem dúvidas, ao usar a Estratégia PowerX você será capaz de tomar essa decisão em 30 segundos ou menos. Isso é poderoso.

3. **Funciona para investidores iniciantes e experientes.**

Uma ótima estratégia deve servir para ambos. Por que você precisa de uma estratégia diferente quando ficar mais experiente? Uma boa Estratégia de Trading deve funcionar para qualquer nível experiência e qualquer tamanho de conta.

4. **Comece pequeno e cresça.**

Uma boa estratégia deve funcionar para contas pequenas e grandes. Você deve ser capaz de operar com a estratégia em uma conta pequena de $2.000 e usar o mesmo sistema para operar um conta grande. A Estratégia PowerX foi feita para funcionar bem em qualquer conta sendo ela de $2.000, $20.000, $200.000 ou $2 milhões.

5. **Gaste minutos, não horas.**

Em minha opinião uma boa estratégia não deveria requerer ficar sentado na frente do computador o dia todo. afinal de contas, você provavelmente tem uma vida além do trading: Você pode ainda ter um emprego, ou talvez esteja tocando um negócio ou está aposentado. Esse é o porque A Estratégia

PowerX só requer 15 minutos todos os dias para você tomar suas decisões para o próximo dia.

Há ainda mais uma vantagem em usar A Estratégia PowerX para operar: **Ela usa indicadores técnicos.**

Os indicadores são baseados em análises técnicas, um **sistema científico para operar no Mercado.** A ideia é que todas as informações já estejam contabilizadas nos preços atuais.

Outra ideia é que o histórico da movimentação do preço é, de algum jeito, indicam movimentos futuros, isto é, se uma ação está sendo operada lateralmente nos últimos 12 meses, é provável que continue assim.

Repare que disse “provável”. Com certeza, ela poderia começar uma tendência, mas a ideia básica é que as ações têm certas características preditivas.

Dê uma olhada no gráfico abaixo:

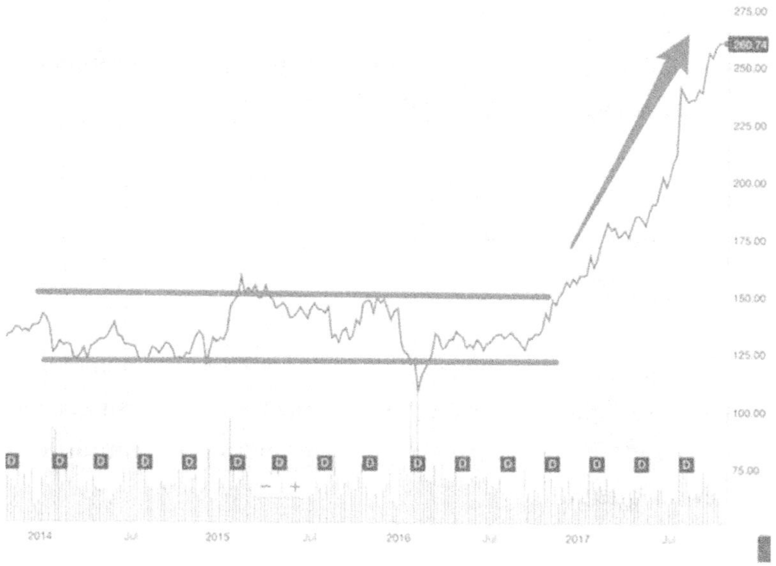

Como você pode ver, por anos essa ação tem sido operada entre $120 a $150. Portanto, era mais provável ela continuar indo lateralizada. E quando ela começa a formar uma tendência é provável que assim continue.

Você pode usar indicadores para facilmente prever os movimentos de uma ação, você aprenderá isso no próximo capítulo.

Ao usar indicadores, na maioria das vezes, você não precisa se preocupar com as notícias e como interpretá-las. Você não precisa se preocupar em ler complicados relatórios de lucros tentando entender o que a empresa está planejando fazer.

A Estratégia PowerX é uma poderosa estratégia de trading isso é perfeito para trader iniciantes e experientes. ela se encaixa em todos os meus critérios para uma boa estratégia e usa apenas indicadores técnicos que são meu sistema favorito.

Antes de falarmos sobre indicadores, é importante compreender as "3 Chaves para sucesso no Trading":

1. Achar as melhores ações
2. Limitar seu Risco
3. Realizar o Lucro

Uma vez estabelecidas as bases, você deverá ter uma boa ideia de por que essas etapas são tão importantes e como, juntas, elas fazem do trading um sistema inteligente, lucrativo e simplificado para gerar riqueza.

Não pense demais sobre esses passos. Eles parecem simples e diretos porque SÃO simples e diretos. Mantenha essa mentalidade. Quanto mais você procura por um significado mais profundo ou assume que há alguma outra etapa secreta para tudo isso, complicando demais, pior vai ser.

Para ter sucesso como trader, você tem que achar as melhores ações, limitar seus riscos e realizar os lucros. É isso.

Chave 1: Encontrar as Melhores Ações

Até mesmo se você quiser operar opções você terá que achar as melhores ações primeiro, afinal, opções são ligadas às suas respectivas ações!

A chave é encontrar uma ação que esteja pronta para se mover. Você já deve ter ouvido o ditado: A tendência é sua amiga. bom, isso não será diferente com A Estratégia PowerX. ela identifica as tendências de curto prazo e procura entrar na operação na melhor oportunidade para a obtenção de lucros.

Quando as ações COMEÇAM a se mover, elas têm uma grande probabilidade de CONTINUAR a se mover. Existem três indicadores nos quais a Estratégia PowerX se concentra para identificar essas ações. Escolhi esses três indicadores porque, além de serem consistentemente eficazes quando usados de maneira adequada, como você verá, eles são fáceis de usar — Muito mais fáceis que todas aquelas complicadas formações de triângulos, cabeça e ombros, etc. Mais tarde neste livro, nós iremos explorar esses três indicadores.

Quando você encontra uma ação que esteja pronta para se mover, isso também significa que a opção também está pronta.

Aqui temos um exemplo:

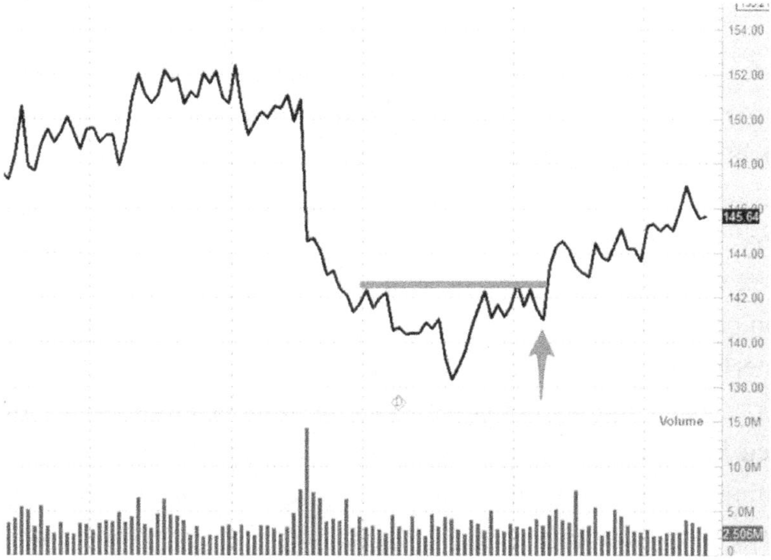

Como você pode ver, a tendência estava para baixo, então ela ficou lateralizada por alguns dias, e então, finalmente estourou e moveu-se para cima.

Aqui temos outro exemplo:

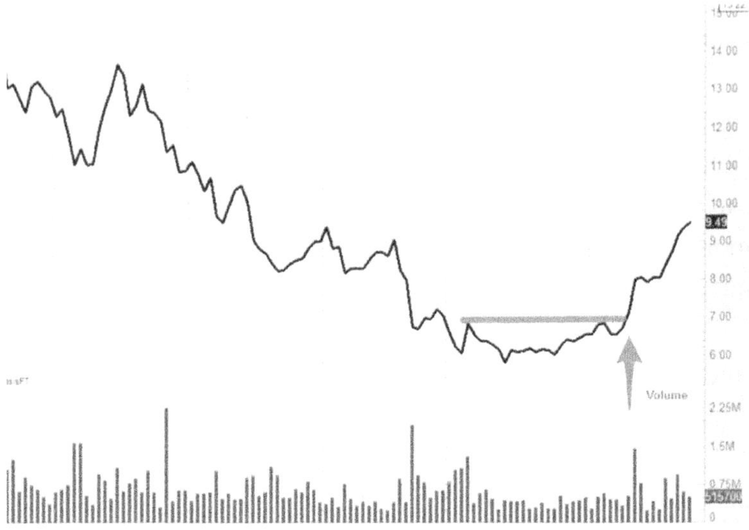

Parecido com o exemplo anterior, a tendência da ação estava para baixo, ficou lateralizada por algumas semanas, e agora, está quebrando a consolidação e se movendo para cima.

Nós vamos falar sobre como identificar essas tendências no próximo capítulo. Para determinar quais ações avaliar, eu comecei analisando o DOW 30. Eu examinaria cada ação para determinar se havia uma oportunidade de tendência. Mas isso pode gastar muitas horas para avaliar cada ação então eu criei meu Software PowerX para fazer o trabalho pesado por mim e aumentar meu leque de possibilidades ao procurar todas as ações disponíveis automaticamente. Ele me fornece as melhores oportunidades de acordo com a estratégia PowerX para eu avaliá-las.

É importante para nós estabelecermos as bases primeiro para então, quando entrarmos no passo a passo mais tático, você entender o que estamos fazendo, por que estamos fazendo isso e o que esperamos alcançar ao seguir este processo. Com uma base sólida, você pode construir seu empreendimento sem incertezas, dúvidas e ansiedade. Essa base e conhecimentos vão te dar confiança em seus trading e ajudarão a crescer sua conta de forma consistente e sem medo.

Chave 2: Limitar seus Riscos (Regra de Ouro)

Nosso objetivo com A Estratégia PowerX é encontrar trades com alta chances de tendência e riscos baixos. Muitas vezes, as pessoas selecionam ações ou opções com base em sua "intuição" ou porque gostam da empresa.

Aqui vai uma lição — **Não importa o quão boa sua intuição possa ser, não há lugar para intuição no Trading.**

Como traders, nós queremos ser baseados em dados e deliberados então nós poderemos **limitar nosso risco e aumentar nosso lucro cientificamente**. Os números são soberanos não importando as condições do mercado ou das empresas. Siga os números e você reduzirá automaticamente os riscos.

Ao falar de riscos, isso é importante por favor não se esqueça jamais, nós estamos sempre buscando arriscar $1 para fazer $2. Essa é minha regra de ouro.

Antes mesmo de entrar em um trade, ao utilizar minha regra de ouro, você terá um risco máximo definido e um alvo pré definido de lucro. Você saberá quando sair com lucro. Armado com os números para ajudar-te, você será capaz de resistir ao impulso de ficar "só mais um pouco" para tentar encontrar alguma fortuna que sua intuição diz que está logo mais a frente. Esses impulsos são maus negócios.

Ao aprender essa Regra de ouro, **você evitará um dos maiores erros que muitos traders fazem — Segurar a posição por muito tempo**. Se você ir com ganância, você poderá perder muito dinheiro em um só trade ou no decorrer de alguns trades. De qualquer forma, NÃO é o que queremos — isso pode colocar-te para fora do mercado rapidamente.

Além da minha Regra de Ouro, no início, sugiro que você siga **A Regra dos 2%: "Nunca arrisque mais do que 2% de sua conta em qualquer trade."**

A Regra dos 2% é crucial quando você está começando ou está operando com uma conta pequena.

Por exemplo, veja Amy, uma mãe solteira e uma amiga próxima que me ligou algumas semanas atrás.

Ela me perguntou, "Markus, eu sei que você está no mercado financeiro, então deixe-me perguntar, é realmente possível ganhar dinheiro? Você acha que eu deveria fazer trades?

Pergunto pois veja minha situação. Eu só tenho $5.000 em minha poupança. Eu sei que deveria ter mais dinheiro, mas é tudo o que tenho agora e, honestamente, não posso perder esse dinheiro."

Eu disse, "Sim Amy! Eu acho que você deveria. O dinheiro depositado em sua conta poupança não está fazendo nada por você. Na verdade, com a inflação do jeito que está, seu dinheiro está derretendo sentado ali. Eu sei que pode ser assustador arriscar esse dinheiro, então aqui está o que sugiro; aplique a regra dos 2%.

Isso significa, você só arrisca 2% da conta em qualquer trade. Por exemplo, 2% de $5000 = $100. Você não vai querer arriscar mais do que isso em alguma operação. deixe-me explicar o porquê.

Digamos que você tem 10 operações negativas seguidas, o que é bastante improvável, mas possível. Depois disso, você terá $1000 a menos, mas ainda terá $4000 e tudo aquilo que aprendeu nessas últimas operações. Você ainda tem dinheiro para implementar os ajustes que precisa fazer. Você não estará quebrada!

Estou te dando o mesmo conselho que dei a minha amiga pessoal. E embora eu sugira que você comece com a regra dos 2%, uma vez que você tenha um bom histórico, para aumentar sua conta, você pode precisar expandir essa regra com base no tamanho da conta e na tolerância geral ao risco. Falaremos mais sobre isso no Capítulo 6.

Você também pode usar opções para ajudar a gerenciar o risco. Posteriormente neste livro, eu vou falar sobre trading com Opções passo a passo. Por enquanto, vamos nos concentrar em como essa sistema irá gerenciar o risco conforme você compra e vende ações.

Chave 3: Realizar seus Lucros

Pode parecer meio óbvio, mas, **NÃO realizar lucros é um dos maiores erros que vejo os traders cometerem.**

Você sabe o que fazer quando o trade vai contra suas expectativas. Nesta parte, Nós vamos falar sobre o que fazer quando o trade vai a seu favor. Isso é extremamente importante!

Se uma operação vai na direção certa você precisa saber quando sair e realizar lucros. **Você precisa realizar lucro enquanto ele está ali, pois os mercados podem inverter rapidamente.**

Lembre-se: Ninguém nunca quebrou realizando lucros.

Deixe-me te mostrar dois exemplos.

O primeiro é o Twitter (TWTR). Twitter teve uma IPO (Oferta Pública Inicial) em 2013, no primeiro dia, as ações do Twitter subiram 73% acima do preço da oferta. As ações foram de $26 para $45. Eu me lembro dos meus amigos me ligando dizendo, "Meu Deus! Eu entrei e quase dobrei meu dinheiro!" Eles estavam certos, eles teriam dobrado seu dinheiro porque nos próximos dias, o Twitter passou de $ 26 para $ 65.

No entanto, depois disso, caiu para cerca de $ 18. e eles nunca realizaram lucros! Eles ainda estavam gananciosamente segurando as ações. O fator que determina se essa operação foi um sucesso ou um fracasso foi quando você saiu. **Você precisa saber quando tirar seu dinheiro da mesa.**

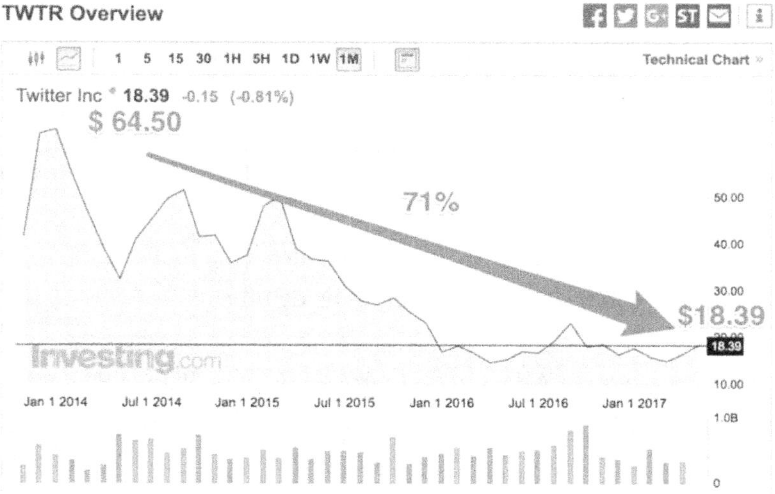

O segundo exemplo é o SnapChat (SNAP). em 2017, Snapchat teve uma IPO e algo parecido aconteceu. No dia da IPO, Os preços dispararam. Todos amavam o Snapchat, E as ações subiram 44% em um único dia.

Nos dias seguintes, os preços subiram ainda mais, chegando a US $ 27,09. Mas então, em menos de 6 meses, o SNAP caiu para $ 14,89.

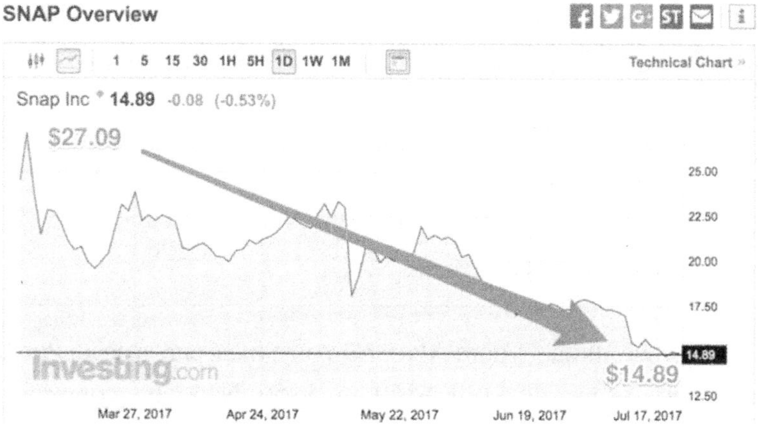

Esse é o porque é tão importante realizar os lucros enquanto eles estão lá.

A pergunta é: Quando, exatamente, você deve realizar o lucro?

Aqui está o que eu faço: "A Regra de Ouro". Eu mencionei isso na última seção, mas quero entrar em mais detalhes.

Lembre-se de que "A Regra de Ouro" é de 1: 2. Para cada centavo que arriscar, você tenta ganhar dois. Nem três, nem quatro, nem cinco. A regra é simples: para cada $1 que arriscar, você tenta ganhar $2 ou para cada $10 que arriscar, você tenta ganhar $20.

Vamos a um exemplo:

Se uma ação está sendo operada a $100 e você estivesse disposto a arriscar $10, você sairia se o valor caísse para $90.

E se ela chegasse a $120, você sairia do trade.

No próximo capítulo, Vou te mostrar uma fórmula para determinar o "melhor" Stop Loss (limite de perda) e Lucro Alvo usando "A Regra de Ouro" de 1:2.

Você deve imaginar: E se o preço da ação continuar subindo? Eu não deveria continuar na operação?

Com base na minha experiência: NÃO!

Tão logo você atinja o Lucro Alvo, Não olhe mais para a ação. Porque não importa se vai até $130, $140, ou $150. Não tente comprar no mínimo e vender no máximo, porque, na maioria das vezes, não funciona.

O sucesso geralmente vem por meio de vitórias menores e mais consistentes. Se você pode arriscar $10 e ganhar $20 de forma consistente, você ganhará dinheiro no trading.

Qual a melhor parte dessa regra?

Se você aplicar essa "A Regra de Ouro", você poderá ganhar dinheiro mesmo se errar na metade das vezes.

Deixe-me mostrar como.

Vamos dizer que você está arriscando $100 em um trade. Isso significa que seu Lucro alvo é $200.

Nesse exemplo, você fez 10 operações.

Dessas 10 operações, cinco foram negativas. Logo você perdeu $500 (5 * $100).

As outras cinco foram operações positivas. Logo você fez $1000 (5 * $200.)

Portanto quanto você fez depois de 10 operações? $500!

É por isso que as saídas são mais importantes do que as entradas. Para mim, isso foi uma virada de jogo, e aqui está o porquê: **Eu sei do meu risco e lucro antes que eu entre em um trade.** Isso me ajuda a reduzir o estresse e as emoções como a ganância e o medo contra os quais todo trader tem que lutar. Eu uso ciência e números para eliminá-los da equação e, portanto, eu reduzo meu risco e realizo meu lucro enquanto eles ainda estão lá.

A maioria dos traders entendem errado. Eles estão apenas se concentrando na entrada. Eles querem fazer uma entrada perfeita, e uma vez que estão dentro, eles relaxam e não se preocupam mais com a operação. Mas isso está errado!

A saída de uma operação é mais importante que a entrada. Um Macaco pode fazer uma entrada. **Lucro e Perdas são feitos quando você sai da operação!**

Mas isso fica melhor. **Quando você conhece as saídas antes mesmo de entrar em uma operação, você pode colocar o trade em piloto automático.** Qualquer plataforma permite você colocar automaticamente um stop loss para sair de um trade que vai contra você. Você também pode colocar um lucro alvo que automaticamente sai da operação com o lucro quando o preço move a seu favor.

Desse jeito você não precisará vigiar suas operações durante o dia inteiro.
No próximo capítulo, Eu vou mostrar-lhe como o PowerX usa esses poderosos princípios e os combina em uma Estratégia eficaz de Trading.

CAPÍTULO 3

A Estratégia PowerX

Haverão gráficos nesse livro que poderão ser mais fáceis de serem entendidos quando vistos em cor. Por favor, acesse **PowerXStrategy.com/gift** *para baixar o guia completo com todos os gráficos coloridos de graça..*

Vamos agora direto para a verdadeira carne e batatas desse livro. Vamos falar da Estratégia PowerX, uma poderosa estratégia para operar ações e opções.

Com essa estratégia, você pode ganhar dinheiro mesmo se errar 50% das vezes. Pense sobre isso...

Onde mais você pode estar errado METADE do

tempo e ainda ganhar milhares - ou mesmo MILHÕES?

Não posso pensar em mais nada a não ser trading.

A estratégia PowerX é focada em achar ações em movimento, como mencionei no capítulo anterior. Quanto mais potente o movimento, melhor. Por que é Melhor? Porque nós podemos realizar os lucros mais rápido e ir para a próxima oportunidade.

Essas ações, você logo verá, tem os maiores potenciais de lucro. Entrando na hora certa e sabendo quando sair com lucro e quando sair minimizando os possíveis prejuízos, você estará apto para ganhar dinheiro com trading com uma renda auxiliar ou talvez até mesmo integral.

Parte 1: Configurando seus Gráficos

Como eu expliquei anteriormente, eu acredito em análise técnica e indicadores porque eles são científicos e eliminam os achismos do meu trading. Em um momento, você verá o quão fácil é identificar tendências pelos indicadores. Para usar análise técnica, você precisa de uma plataforma.

Como eu disse, Eu desenvolvi um software para meu uso com capacidade de escanear mais de 15.000 ações e opções pela Estratégia PowerX e me dar os picos do dia em apenas alguns minutos.

Embora muitas corretoras ofereçam software de gráficos gratuitamente, você precisará olhar cada ação e opção individualmente, uma por uma, o que não é apenas extremamente demorado, mas, você também precisa saber quais ações verificar e, muitas vezes, minhas melhores escolhas foram ações das quais nunca tinha ouvido falar antes.

Se você não tem uma plataforma ainda você pode simplesmente usar finance.yahoo.com.
Essas são as configurações que eu uso com os seguintes indicadores:

- Slow Stochastics com as configurações de 14, 3 e 3
- RSI (Relative Strength Index) [Índice Rlativo de Força - IFR] configuração de 7
- MACD com a configuração de 12, 26 e 9

A maioria das plataformas disponíveis no mercado têm esses indicadores com essas configurações disponíveis. Ao usar esses três indicadores simultaneamente, você melhorará sua precisão e será capaz de tomar melhores decisões como um trader, usando só um indicador você corre o risco de cair em sinais falsos. Usando três no seu próprio sistema de verificação e equilíbrio. Cada confirmação ou sinais são confirmados pelos outros e você terá a certeza que estará no caminho certo.

Quando você abrir a plataforma ela provavelmente vai parecer com isso:

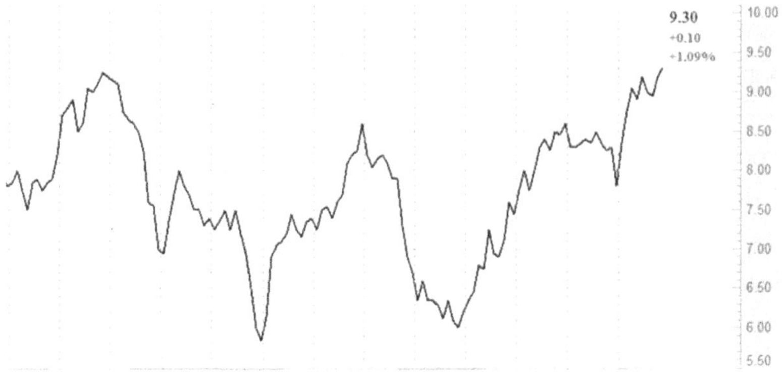

À primeira vista, essa ação parece ter uma perspectiva ruim se você investir no método de segurar e esperar que suba. Esta ação moveu-se para todos os lados e está um pouco mais alta do que há um ano, onde era operada a $8,00 e agora está a $9.30.

Se você seguisse a estratégia "compre e segure," você teria alguns ataques cardíacos ao longo desse tempo. A ação moveu-se de $8,00 para $9,50 em um ganho de 19%, então caiu para $6,00 em uma perda de 37%. Depois moveu-se para $8,50, 42% de ganho, para depois voltar novamente para $6,00 para outra perda de 29%. É uma verdadeira montanha-russa! Agora ... no geral, você teria um aumento de 16% nos 12 meses se você se segurasse firme para essa viagem, mas o impacto emocional de andar naquela montanha-russa valeria a pena?

Por outro lado. E se se você pudesse eliminar a montanha-russa emocional e assumir o controle de seu dinheiro, em vez de se sentir refém do mercado?

Você operasse essa ação de acordo com a Estratégia PowerX, você poderia ter feito 61% de ganhos e se eximido de muito estresse e dores de cabeça. Deixe-me mostrar-lhe como…

PRIMEIRAMENTE , Nós precisamos mudar a configuração do gráfico para barras (Open-High-Low-Close ou "OHLC Chart.")

Isso significa que, em vez de uma linha sólida, estamos vendo barras com um entalhe no lado esquerdo, que mostra o preço de abertura do dia e um entalhe no lado direito, que mostra o fechamento do dia.

Eis aqui como se lê um gráfico de barras:

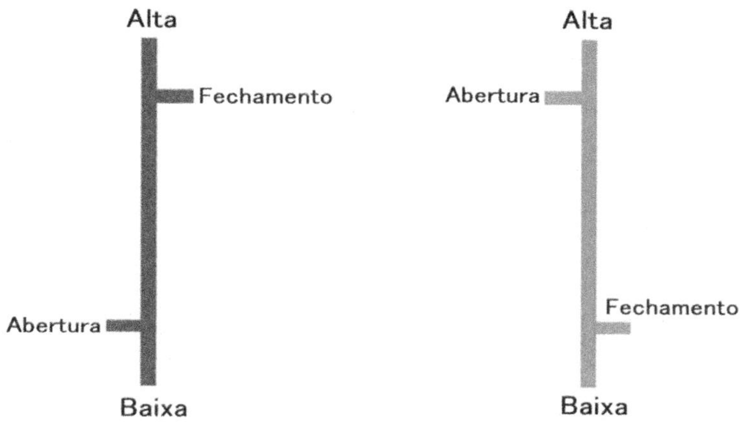

Quando configuramos nosso gráfico para barras, ele ficará assim:

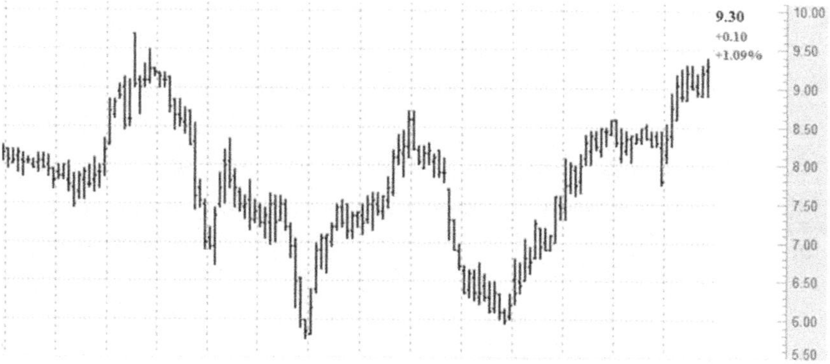

Agora, é hora de adicionar nossos indicadores técnicos.

Indicador 1: Slow Stochastic (Stochastic %K)

O primeiro indicador que queremos adicionar no nosso gráfico é o "Slow Stochastic." em algumas plataformas é também chamado de "Stochastic %K."

Nós adicionamos o Stochastic %K com o parâmetro de **14 e 3**. e será exibido na parte inferior da tela.

Stochastic K é um oscilador que se move de 0 a 100.

Nós temos que **prestar muita atenção à linha 50 em negrito.** Esse indicador foi adicionado na parte inferior desse gráfico.

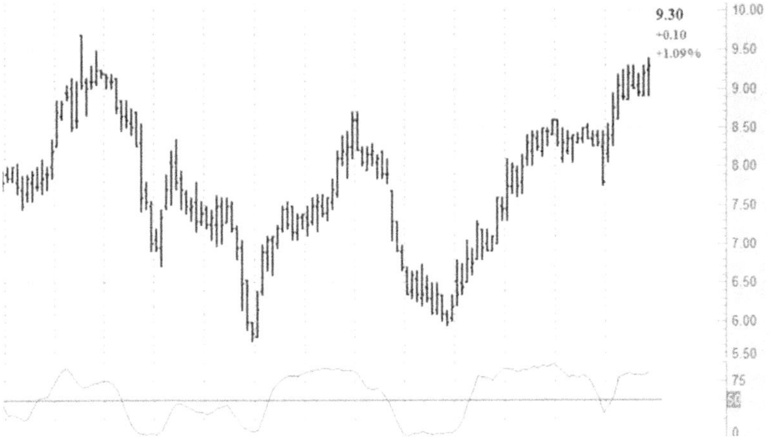

Sempre que Stochastic %K está acima de 50 e subindo, indica que a ação está em uma tendência de alta (Bullmarket). (veja a área sombreada abaixo).

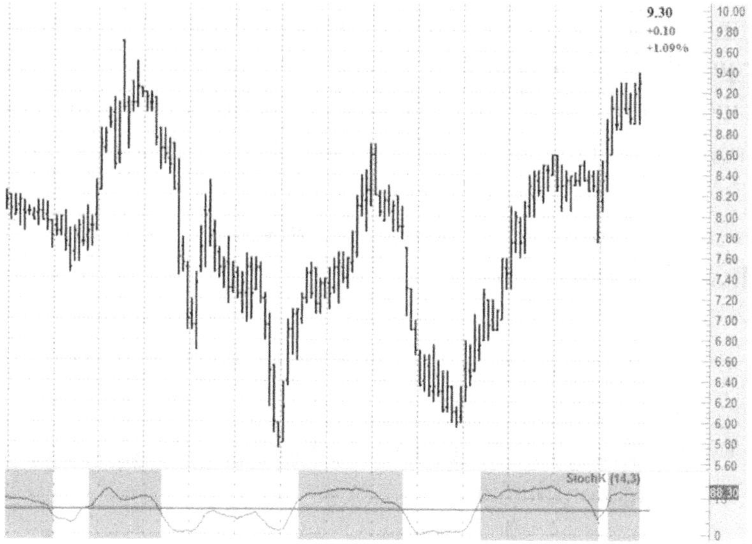

*Por favor, acesse **PowerXStrategy.com/gift** para baixar o guia completo com todos os gráficos coloridos de graça.*

E quando o Stochastic %K está abaixo de 50 e caindo, indica que a ação está em uma tendência de Baixa (bearmarket). (veja a área sombreada abaixo).

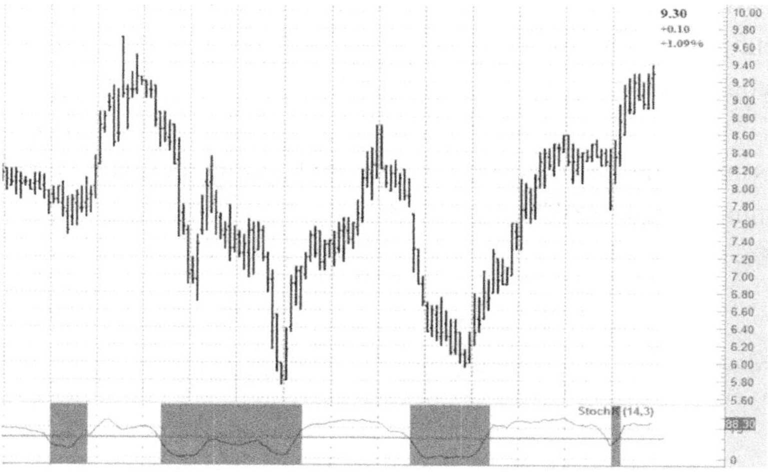

Como traders, não queremos confiar em apenas UM indicador porque ele pode nos dar muitos sinais falsos uma vez que todos os indicadores apresentam falhas até certo ponto. Queremos aumentar o desempenho geral adicionando mais dois indicadores.

Em meus anos de trading, eu descobri que usar três indicadores é perfeito:

- Ao usar menos de três indicadores, você receberá muitos sinais falsos.
- Ao usar mais de três indicadores,você receberá muitos sinais conflitantes.

Na minha experiência, três indicadores são o número mágico para obter a maior precisão.

Portanto, vamos ir para o próximo indicador.

Indicador 2: Relative Strength Index (RSI)

O próximo indicador é o Relative Strength Index (RSI), também conhecido como Índice Relativo de Força (IRF), e nós usaremos a configuração de 7.

Assim como Stochastic %K, O RSI oscila em uma escala limitada entre 0 e 100.

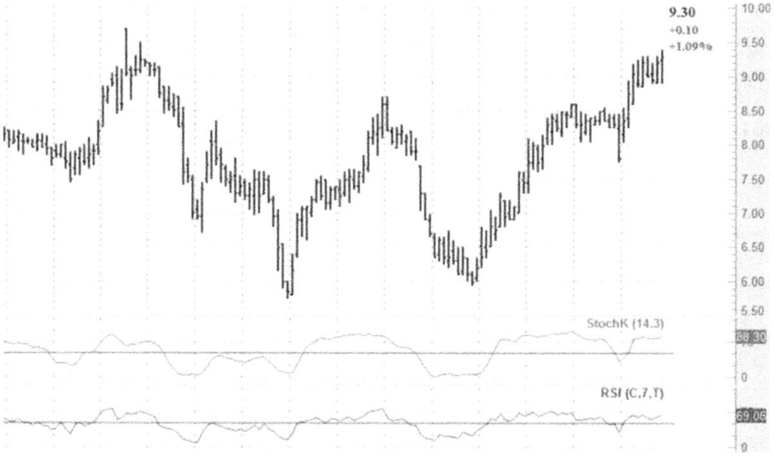

*Por favor, acesse **PowerXStrategy.com/gift** para baixar o guia completo com todos os gráficos coloridos de graça.*

Nós precisamos **prestar atenção a linha do meio**. Quando o RSI está acima de 50 e subindo, indica que a ação está em uma tendência de Alta. (veja a área sombreada abaixo).

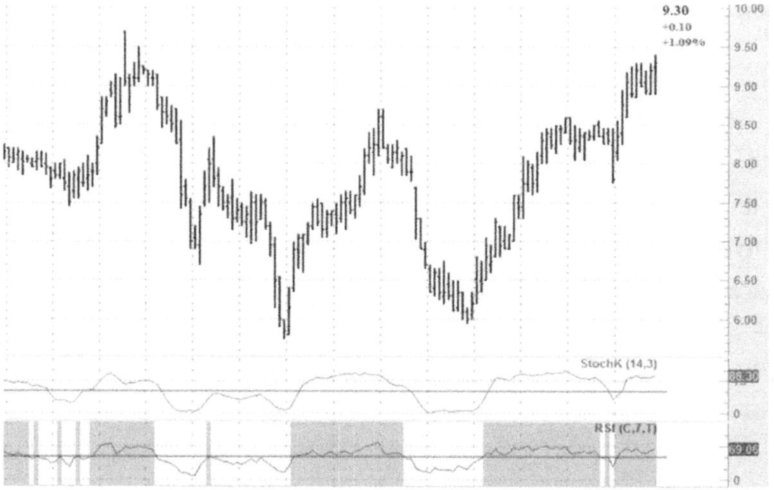

*Por favor, acesse **PowerXStrategy.com/gift** para baixar o guia*

completo com todos os gráficos coloridos de graça.

Quando o RSI está abaixo de 50 e caindo, indica que a ação está com uma tendência de Baixa. (veja a área sombreada abaixo).

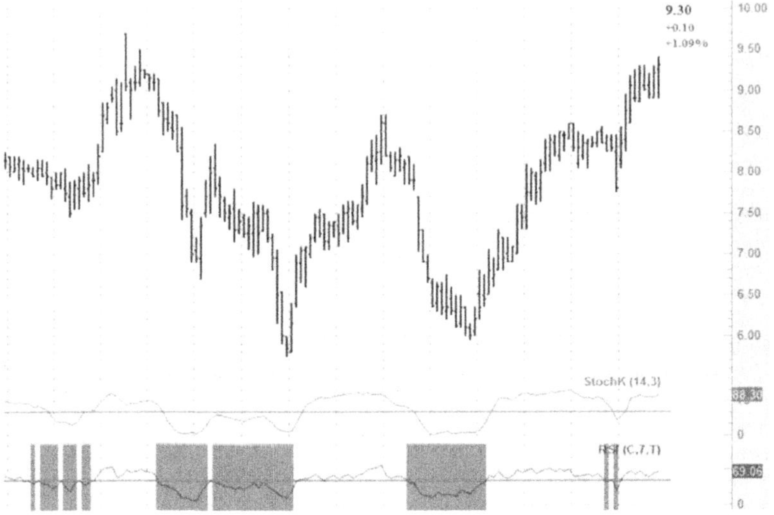

Por favor, acesse ***PowerXStrategy.com/gift*** *para baixar o guia completo com todos os gráficos coloridos de graça.*

Indicador 3: Moving Average Convergence Divergence (MACD)

O terceiro indicador que nós vamos adicionar no nosso gráfico é o Moving Average Convergence Divergence (MACD). Nós usaremos as configurações do **MACD (12, 26, 9).**

O MACD consiste em três componentes:

- O próprio MACD (Linha azul)
- A linha de sinal (Linha roxa)
- Um Histograma da diferença entre MACD e sua Linha de

Sinal.

Nota: O Histograma vai ser exibido na maioria das plataformas como parte do MACD mas não o usamos especificamente para a Estratégia PowerX.

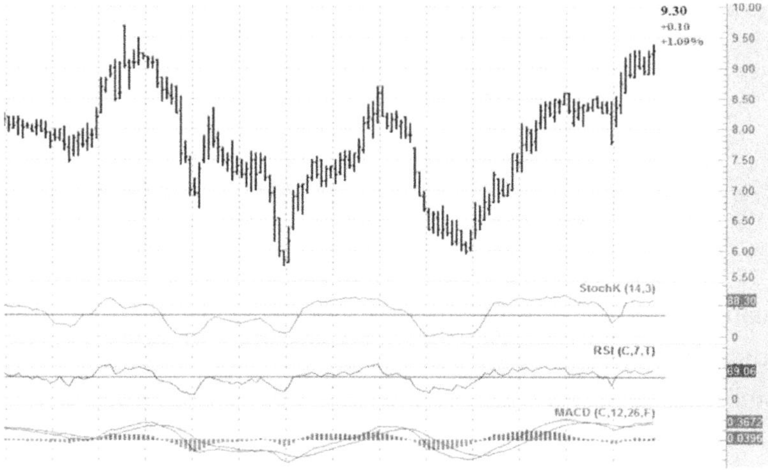

Quando o MACD está acima da sua Linha de Sinal e subindo, indica que a ação está em uma tendência de Alta. (veja a área sombreada abaixo).

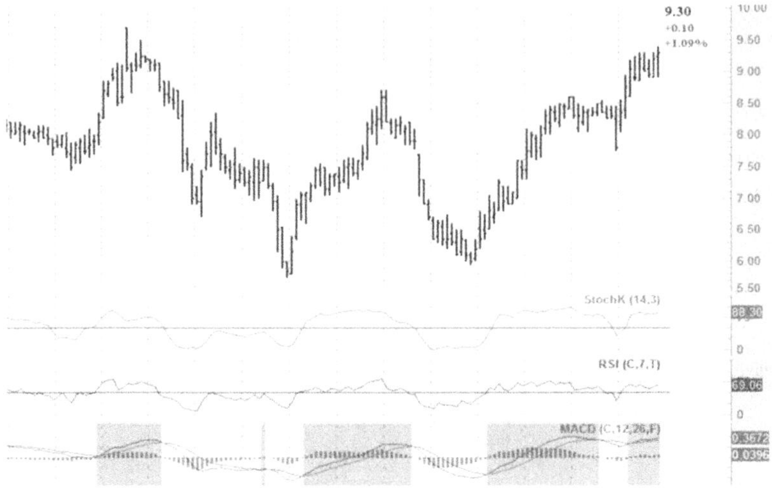

Quando o MACD está abaixo da sua Linha de Sinal e caindo, indica que a ação está com uma tendência de baixa. (veja a área sombreada abaixo).

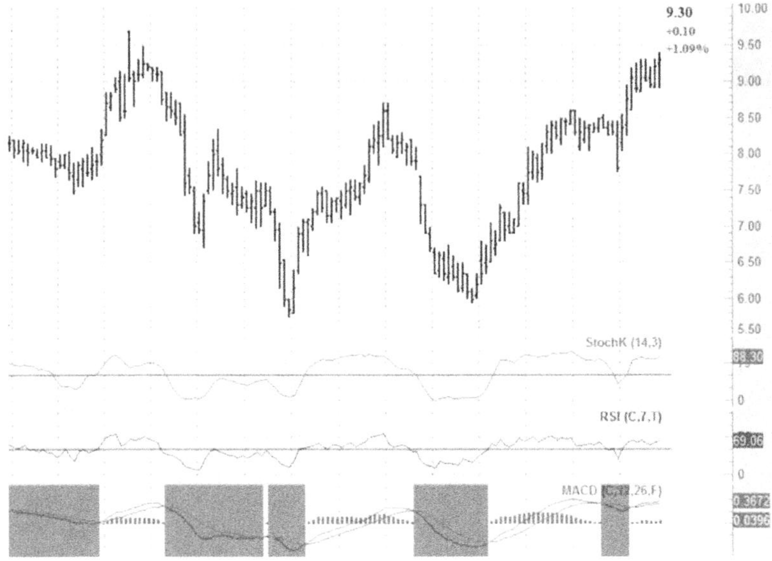

Agora, vamos reuni-los. No gráfico abaixo você os verá todos juntos:

- Quando os três indicadores estão "Verdes" (Acima da linha), ação está em uma **tendência de Alta.**
- Quando os três indicadores estão "Vermelhos" (Abaixo da linha), ação está em uma **tendência de Baixa**.

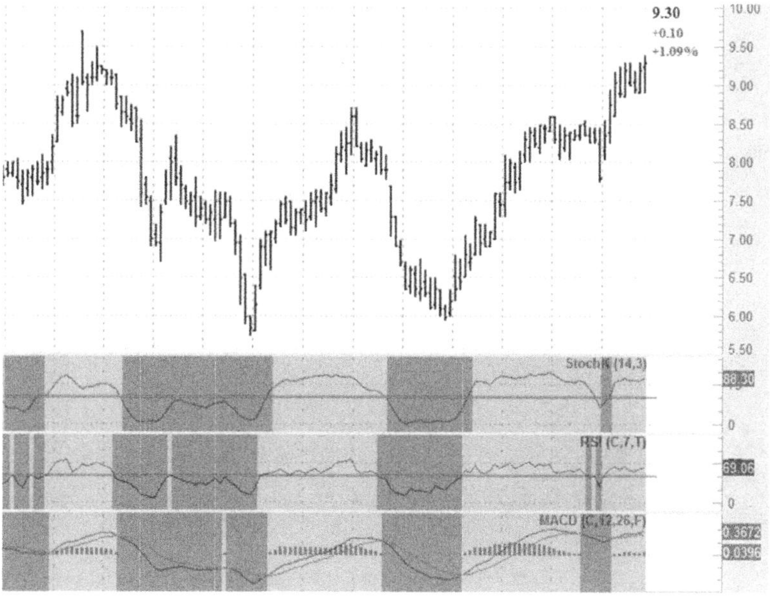

Eu pessoalmente gosto de deixar ainda mais fácil, desse jeito:

- Quando todos os três indicadores estão verdes, eu deixo as barras do gráfico **Verdes.**
- Quando todos os três indicadores estão vermelhos, eu deixo as barras do gráfico **Vermelhas.**
- Quando só 1 ou 2 indicadores estão verde ou vermelhos, isto é, nem todos eles, então eu deixo as barras do gráfico **Pretas.**

Algumas plataformas permitem fazer isso nas configurações,

outras não.

Isso facilita muito para ver quando uma ação está em uma **tendência de alta** (barras verdes), **tendência de baixa** (barras vermelhas), ou está **lateralizada** (barras pretas).

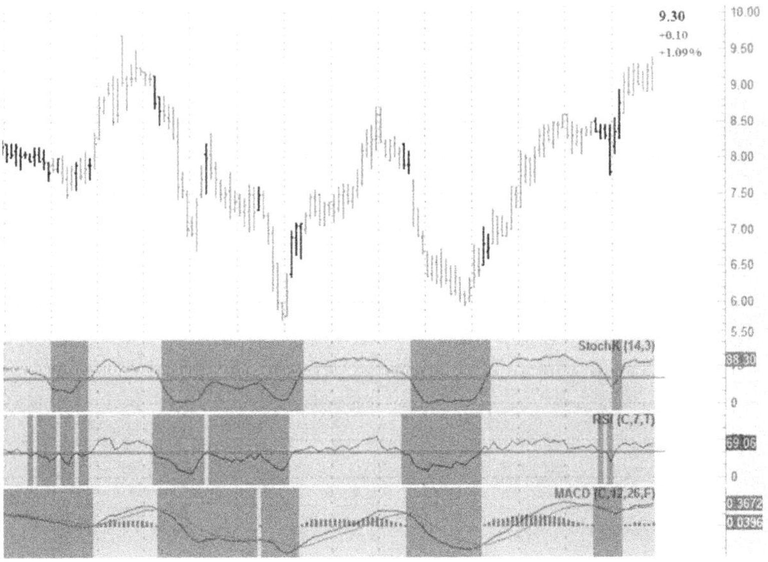

Com essas configurações, **você pode determinar em 5 segundos ou menos se uma ação está em uma tendência de alta ou baixa.** Basta olhar para a imagem anterior.

Então... Essa ação está em uma tendência de alta ou baixa?

- O Slow Stochastic %K está em 88.3, ACIMA de 50
- O RSI está em 69.06, ACIMA de 50
- O MACD está acima da sua linha de sinal

Por favor, acesse ***PowerXStrategy.com/gift*** *para baixar o guia* *completo com todos os gráficos coloridos de graça.*

Como todos os três indicadores estão mostrando uma tendência de alta, essa ação está de fato em alta.

Fácil, não é?

Na próxima Seção, você aprenderá como usar essas informações para determinar o melhor momento para comprar e vender essa ação e, no capítulo 5, você aprenderá como usá-las para operar opções. Tudo começa aqui com estes 3 simples indicadores.

Você entendeu? Vamos continuar

Parte 2: Quando Entrar em uma Operação

Nessa Seção, você aprenderá exatamente quando comprar ou vender uma ação.

Sabe qual a melhor parte? Como já fizemos todo o trabalho de preparação, esta etapa vai ser muito simples e direta.

Aqui temos algumas regras:

#1. Nós procuramos COMPRAR uma ação 1 centavo acima da alta da primeira barra em que todos os indicadores estão verde, portanto, da primeira barra verde.

Aqui temos um exemplo:

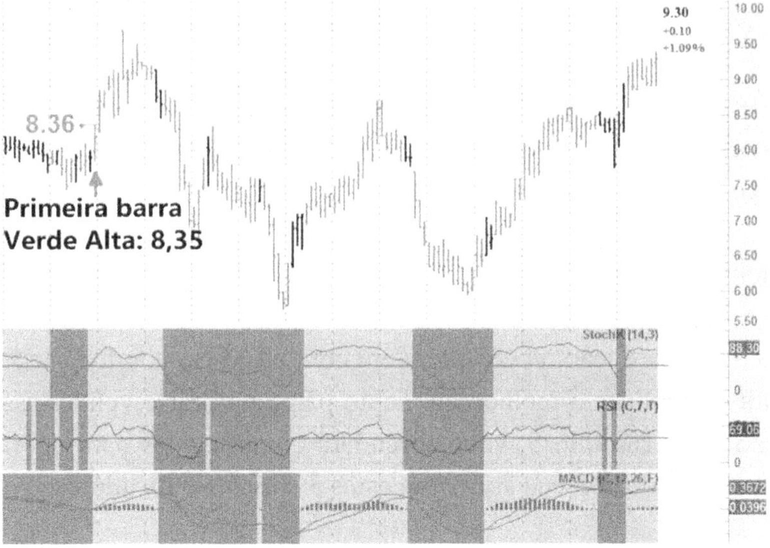

A alta da primeira barra verde foi em $8,35, portanto, nós queremos comprar essa ação 1 centavo acima, ou seja, $8,36.

Como você pode ver, estaríamos gerando dinheiro no próximo dia pois o preço da ação começou a subir na manhã seguinte.

Por favor, acesse PowerXStrategy.com/gift para baixar o guia completo com todos os gráficos coloridos de graça

Aqui temos outro exemplo:

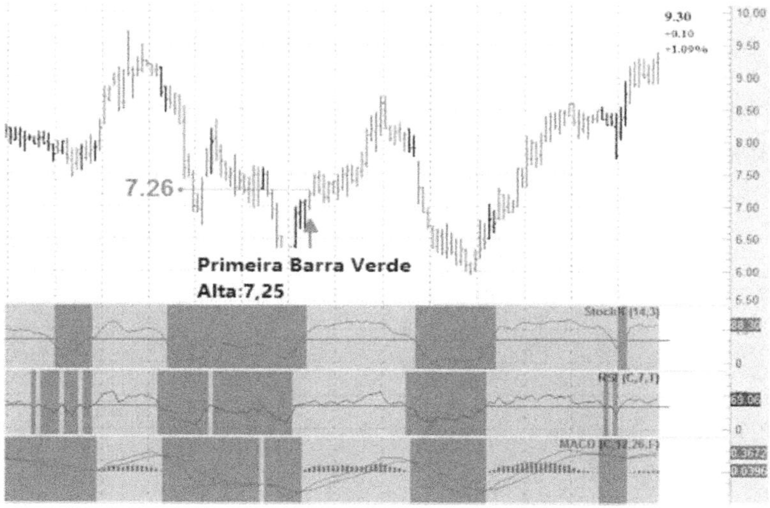

A alta da primeira barra verde foi em $7.25, portanto, nós queremos comprar em $7.26, 1 centavo acima.

Novamente, estaríamos gerando dinheiro no próximo dia.

Aqui temos um exemplo de quando o preço não sobe imediatamente:

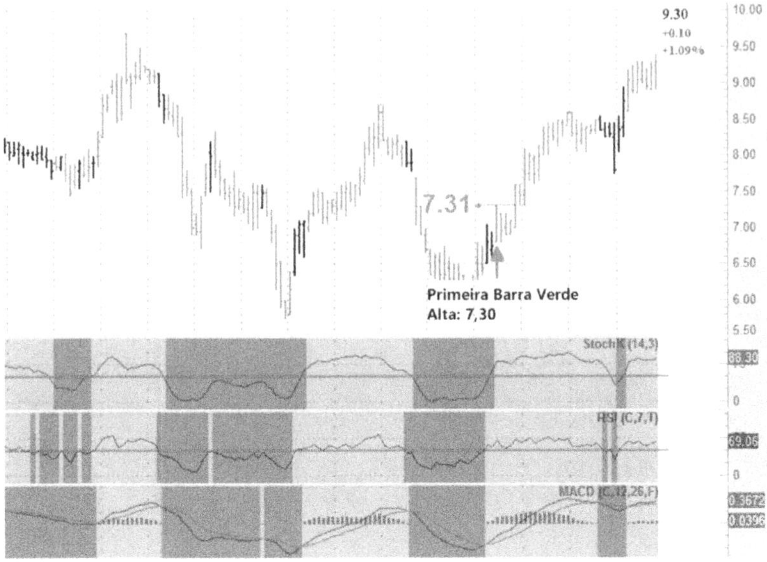

A alta da primeira barra verde foi em $7.30, logo, nós queremos comprar em $7.31.

Mas pelos próximos três dias, a ação não move acima de $7.30. Mas como as barras ainda estão verdes — em outras palavras, todos os três indicadores ainda estão sinalizando COMPRA — deixamos a ordem no mercado. No quarto dia depois do sinal, a ação finalmente começa a subir e gera resultados.

IMPORTANTE: Se nós tivéssemos visto uma barra preta nós cancelaríamos a operação e esperaríamos pelo próximo sinal verde antes de considerar entrar em uma operação de tendência de alta.

Nós queremos VENDER uma ação 1 centavo abaixo da baixa da barra onde todos os três indicadores estão em vermelho — em outras palavras, abaixo da primeira barra vermelha.

SHORTING em uma ação é um termo que se aplica quando você decide vender uma ação que não possui. Efetivamente, é uma aposta contra o preço da ação. Ao prever que o preço de uma ação está prestes a cair, então a vendemos agora e planejando comprá-la de volta mais tarde a um preço mais baixo para realizar nossos lucros. SHORTING pode ser um conceito estranho se você é novo no trading mas é muito comum nos mercados e já existe há mais de um século.

Se você quiser dar um SHORT em uma ação que está em uma tendência de baixa, você pode usar a mesma lógica para VENDER uma ação ou dar uma PUT em opções que permitiria você lucrar com o declínio do preço da ação

Aqui temos um exemplo:

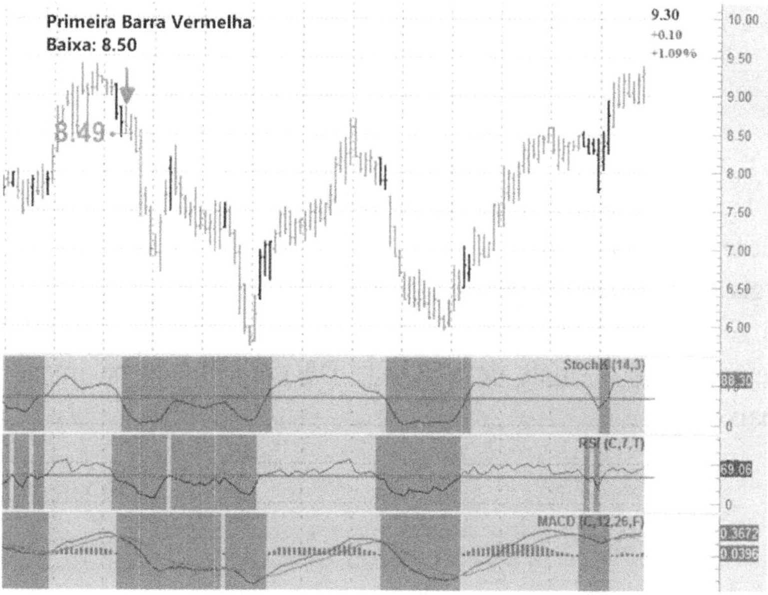

A baixa da primeira barra vermelha foi em $8.50, portanto, nós

queremos vender 1 centavo abaixo, em $8.49.

E estaríamos gerando resultados nos próximos dias porque, como você pode ver, o preço da ação continuou caindo.
Algumas semanas depois, nós recebemos um outro sinal:

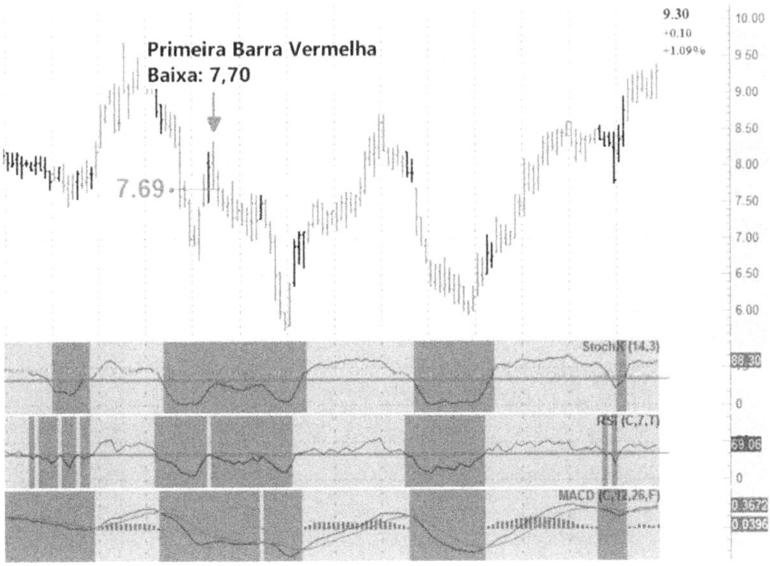

A baixa da primeira barra vermelha foi em $7.70, portanto, queremos vender em $7.69.
E geraríamos resultados no outro dia.

Temos mais 2 sinais de SHORT. Dê uma olhada na imagem abaixo:

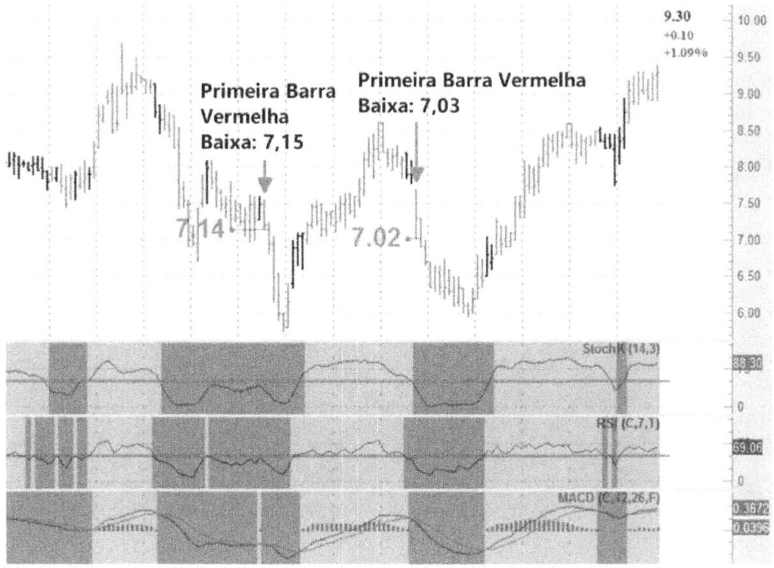

No total, nós tivemos oito sinais de entrada:

- Quatro sinais de COMPRA
- Quatro sinais de VENDA, se você gosta de vend ações

Aqui estão todos os sinais em um gráfico — note que, Os triângulos VERDES para cima são sinais de COMPRA e os triângulos VERMELHOS para baixo são sinais de VENDA.

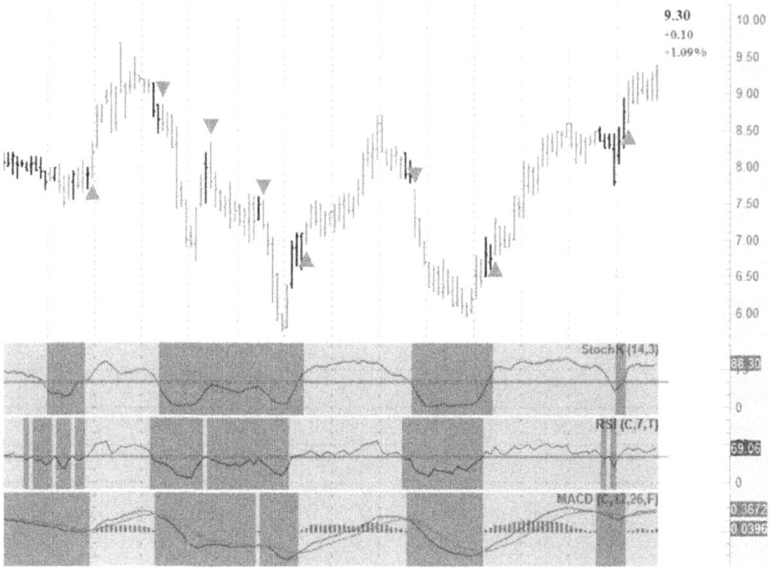

Um detalhe importantíssimo para a Estratégia PowerX é que não entramos quando chegamos tarde demais para a festa! **Nós apenas pegamos o PRIMEIRO sinal de entrada em uma tendência.** Você precisa esperar por uma barra verde, e então tentar entrar 1 centavo acima da alta daquela barra.

Se você perder essa entrada, Por qualquer motivo, Você deverá esperar o próximo sinal de entrada. Nunca persiga um trade! Se você perdeu, Procure outra ação que dê um sinal de entrada. Todos os dias há dezenas de ações que te dão sinais de entrada. Apenas entre no PRIMEIRO sinal, então compre 1 centavo acima da alta da primeira barra ou venda 1 centavo abaixo da primeira vermelha.

Parte 3: Quando sair de uma operação

Agora que você sabe como entrar, vamos tratar de como sair de uma operação. A realidade é que qualquer um pode entrar no mercado, mas não é assim que o dinheiro é ganho — ou perdido. A riqueza aumenta — ou diminui — Quando você sai do mercado.

Deixe-me dizer isso novamente porque é importante:

O dinheiro é ganho e perdido quando você sai dos mercados.

É por isso que saber quando sair de uma operação é tão importante — indiscutivelmente MAIS importante do que saber quando entrar em uma operação. Mas, Por alguma razão, muitos traders entendem isso errado. Eles se concentram apenas nas entradas e não se preocupam com as saídas. E quando eles insistem em permanecer em uma operação por muito tempo, eles tomam grandes perdas ou deixam de ganhar dinheiro.

Não cometa esse erro!

Eu sempre determino quando sair de um trade antes mesmo de eu entrar. Qual o resultado? eu posso colocar no piloto automático e não me preocupar sobre isso — fácil.

Especificamente, aqui estão três estratégias de saída que uso:

1. Um **Stop Loss** te protege de perdas ao limitar seus riscos
2. Um **Lucro Alvo** realiza os lucros quando a ação se mover ao seu favor
3. Uma "**Saída na Barra Preta**" que tira você do mercado quando ele está lateralizado.

Vamos ver detalhadamente cada uma delas.

1 Saída: Stop Losses

Um stop loss limita o seu risco tirando-te de uma operação se ela estiver indo contra você. ESTA é a principal diferença entre traders lucrativos e traders malsucedidos.

Traders Profissionais usam stop losses e liquidam suas posições com uma pequena perca se o mercado for contra eles.

Trades mal sucedidos não usam stop losses e simplesmente esperam que o mercado volte. Essa é a receita para o desastre.

Por quê?

Porque muitas vezes o mercado não muda, o que pode transformar pequenas perdas em grandes perdas — Já vi essas perdas acabarem em 20%, 30% ou até 50% de uma conta de trade. Eu recentemente vi um trader com uma posição negativa de mais de $360.000. Inacreditável!

A grande questão é: Qual é a maneira mais INTELIGENTE de colocar os limites de suas perdas?

Pessoalmente, eu baseio meu stop loss na "Average Daily Range." (Média Móvel Diária) Para calculá-la, simplesmente subtraia a mínima do dia da máxima do dia e, em seguida, tire a média dos últimos sete dias. Em essência, estamos calculando a faixa de preço (alta a baixa) em média nos últimos 7 dias de pregão.

verage Daily Range (ADR) = Média Móvel (Alta Diária - Baixa Diária por 7 dias)

Você pode calcular isso manualmente — Eu tenho meu Software PowerX que calcula a Média Móvel por mim.

No exemplo abaixo, A Média Móvel está em

$0,42. Para simplificar, vamos usar $0,42 nos exemplos a seguir para manter as contas simples. Na realidade, esse número mudaria ligeiramente porque é sempre baseado nos últimos 7 dias de pregão de quando estamos avaliando uma operação.

Para meu stop loss, Eu gosto de usar a fórmula de 1,5 vezes a média móvel : **Stop Loss = Média Móvel * 1,5**

Por favor, acesse PowerXStrategy.com/gift para baixar o guia completo com todos os gráficos coloridos de graça.

Nesse exemplo, meu stop loss é $0,63 ($0,42 * 1,5).

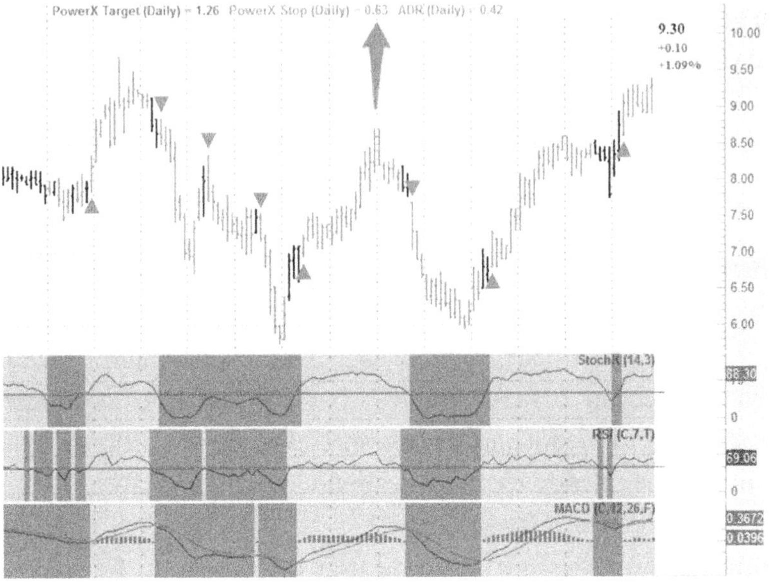

Quando nós entramos em uma operação em $8,36, nós simplesmente subtraímos $0,63 da nossa entrada e colocamos o stop loss em $7,73.

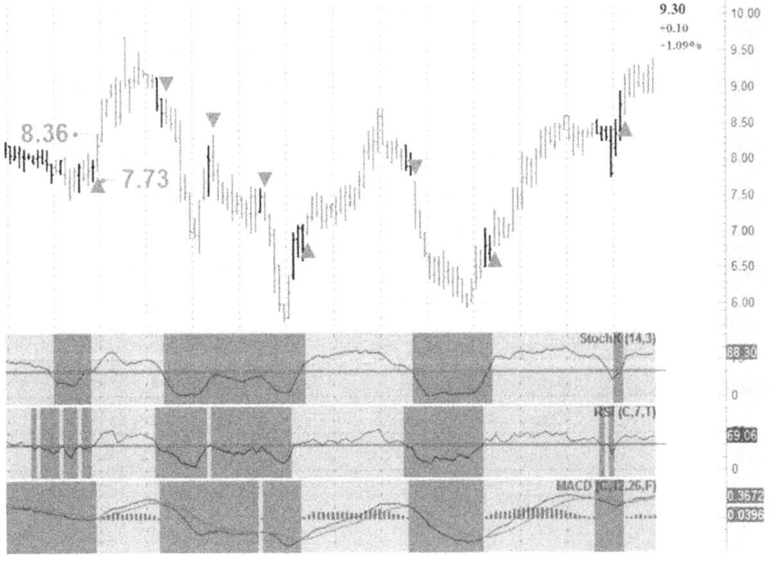

Aqui temos um outro exemplo. Nesse cenário, nós entramos em uma operação em $7,26 e simplesmente subtraímos $0,63 da nossa entrada e colocamos nosso stop loss em $6,63.
Como você pode ver, o stop loss é perfeito: Se entrarmos em $7,26 e os preços caírem para $6,63, sabemos que estamos errados e saímos imediatamente. Desse jeito nós só arriscamos $0.63 por ação com uma perda máxima de apenas $63 por 100 ações.

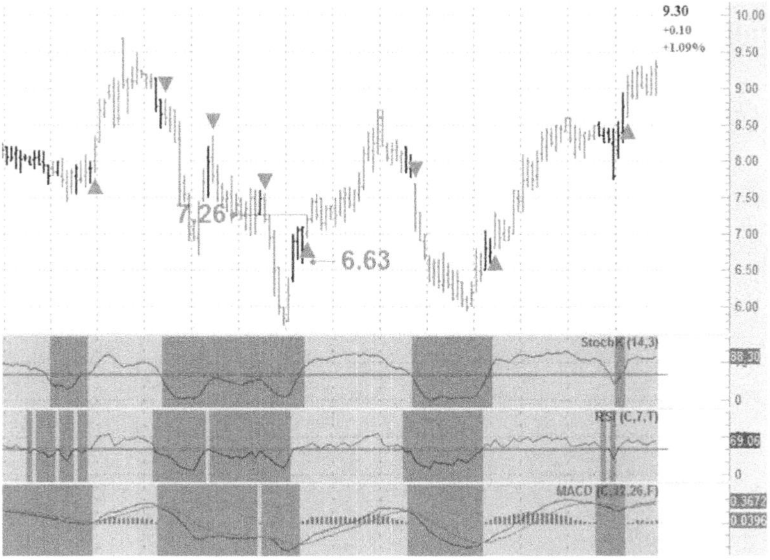

Por favor, acesse PowerXStrategy.com/gift para baixar o guia completo com todos os gráficos coloridos de graça.

Uma nota importante antes de prosseguirmos:

Colocar níveis de stop loss em ações para executá-las automaticamente por meio de software de trading são operações muito precisas e claras. É uma situação diferente quando você usa a Estratégia PowerX para OPÇÕES. Nós ainda utilizamos o mesmo nível de stop-loss que calculamos, mas não inserimos a ordem de saída para fechar as operações de opções como faríamos com as ações.

Ao ficar stopped (quando o preço vai contra você e atinge seu nível de stop-loss) ao operar com opções Nós temos que vigiar o preço da ação atentamente e, em seguida, iniciar manualmente nossa saída stop loss da operação baseado sobre no preço decrescente das ações abaixo de nosso nível de stop calculado.

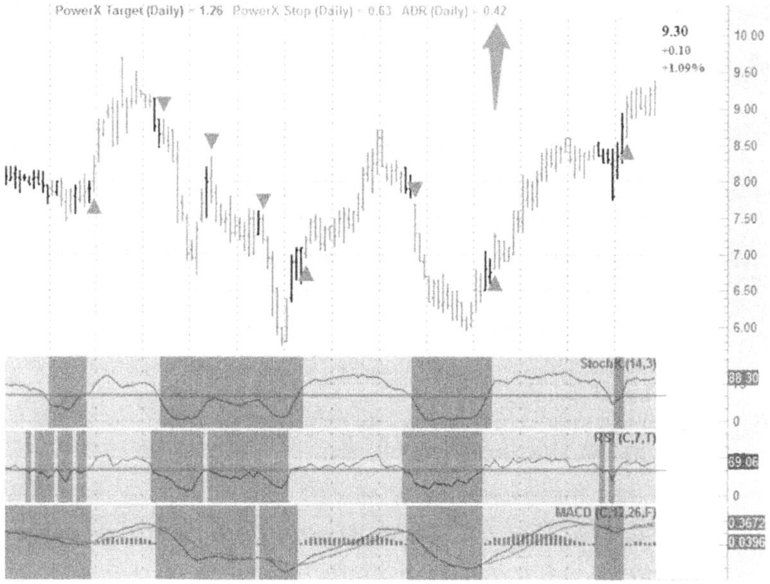

Nós fazemos isso para não sair com preços ruins de uma operação em opções. O mercado de opções pode ser mais volátil e amplo que o mercado de ações, podemos perder muito mais do que esperávamos se nós ficarmos só com o preço da opção para iniciar nossa ordem de stop loss.

2 *Saída*: Lucro Alvo

Naturalmente, esta é a maneira mais divertida de sair porque estamos LUCRANDO. Há duas coisas importantes a lembrar:

#1: Ninguém nunca quebrou realizando lucros
#2: Existem apenas duas maneiras de sair
— Muito cedo ou muito tarde!

Eu, pessoalmente, não gosto de frustrar com o Mercado. **Eu só quero que o mercado vá até meu preço alvo que foi pré definido.** Ter metas predefinidas deixa minha mente à vontade e permite que as operações ocorram sem muita emoção envolvida da minha parte.

Logo que estou em uma operação, Eu coloco minha ordem de lucro alvo para não ter que me preocupar com a operação novamente. **Se a ação se mover a meu favor, a ordem é executada e vende minhas ações automaticamente quando elas atingem minha meta de lucro.**

Resumindo, Eu não preciso assistir cada movimento que a ação faz e eu removo as emoções do meu trading. Ao trabalhar com a Estratégia PowerX em muitos ambientes de mercado diferentes eu descobri que ela tem melhor desempenho quando a realização de lucros está diretamente relacionada com a perda potencial proporcional de 2 para 1 com a média móvel como base do cálculo.

Para meu Lucro Alvo, Eu gosto de usar a fórmula de 3 vezes a Média Móvel Diária (meu software PowerX a calcula automaticamente):

Lucro Alvo = Média Móvel Diária * 3

Neste exemplo, meu lucro alvo é $1,26 ($0,42 * 3).

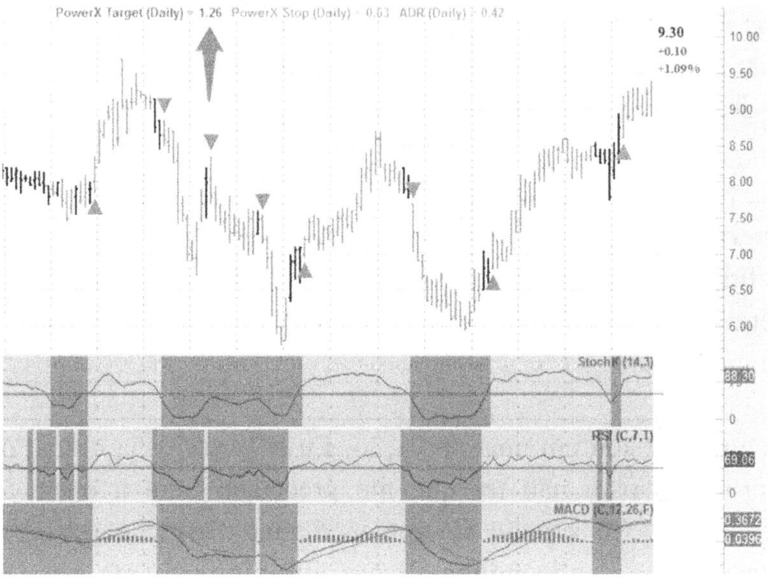

Antes de ver exemplos específicos, vamos a recapitular:

Nosso stop loss é 1,5 vezes a Média Móvel Diária = $0,63 e nosso lucro alvo é 3 vezes a Média Móvel Diária = $1,26.

Como o Lucro alvo é duas vezes maior que o stop loss, <u>você pode lucrar mesmo que metade das suas operações estiverem erradas.</u>

Por favor, acesse PowerXStrategy.com/gift para baixar o guia completo com todos os gráficos coloridos de graça.

Pense nisso por um minuto — isso é extremamente poderoso. Vamos dizer que você fará 10 operações com 100 ações em cada uma.

- Cinco dessas operações foram negativas, então você perdeu 5* $63 = $315
- Cinco dessas operações foram positivas, então você fez 5* $126 = $630

Neste cenário, você tem **$315 em lucros** depois de 10 operações — Mesmo se metade foram operações negativas.

De volta ao nosso exemplo anterior. Iríamos entrar na operação em $7.26, colocaríamos o stop loss em $6.63 e o lucro alvo em $8.52 como mostra abaixo:

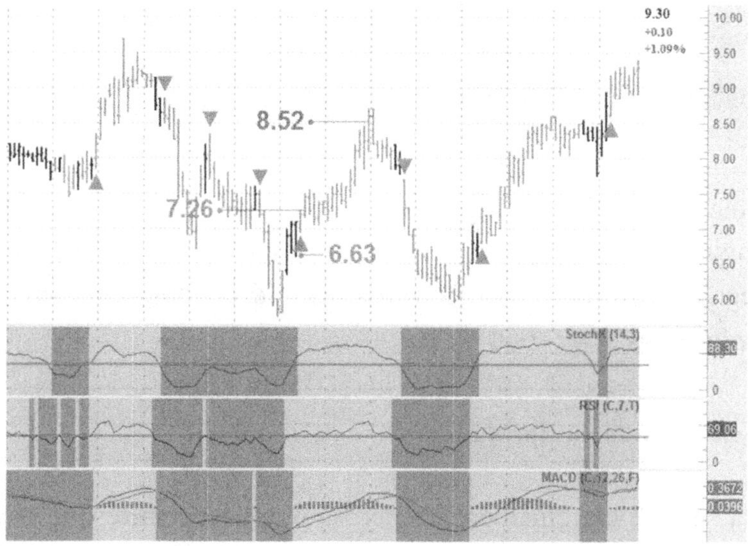

Outro exemplo:

- Entrada em $7.31
- Stop loss em $6.68 ($7.31 - $0.63)
- Lucro alvo em $8.57 ($7.31 + $1.26)

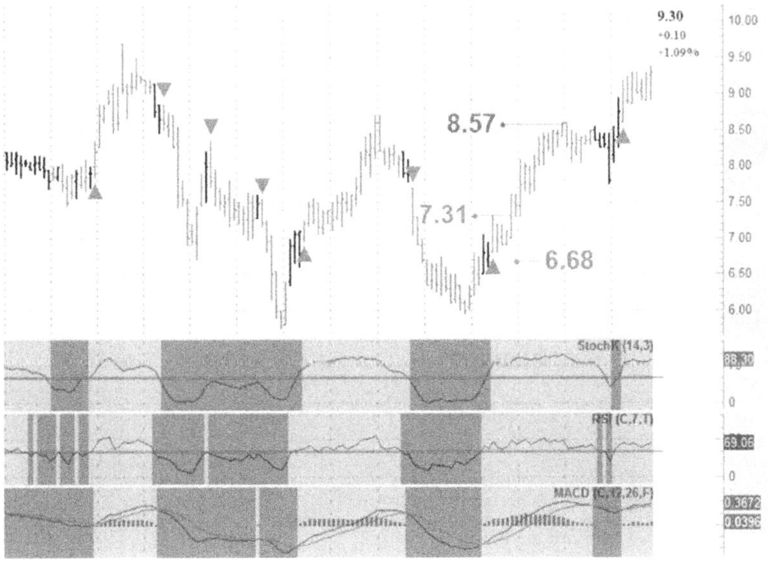

Como você pode ver, algumas semanas após entrar na operação, atingimos nosso Lucro Alvo - embora NUNCA tenhamos chegado perto de nosso stop loss. ***Esse é o poder das saídas inteligentes.***

3 *Saída*: Saída na Barra Preta

Esta saída é extremamente poderosa porque **permite que você saia de um trade quando a ação está indo para LUGAR NENHUM.**

Vamos voltar por um minuto.

Toda vez que você entra em um trade, há três possíveis cenários:

1. **A ação vai mover a seu favor.** isso é, com certeza, ótimo pois você terá um lucro alvo posicionado.
2. **A ação pode mover contra você.** Nesse caso, você terá seu stop loss posicionado para ajudar a limitar suas perdas.
3. **A ação vai lateralizar.** Nesse caso, você precisa de uma regra para liberar seu capital e ir para o próximo trade. Pois quando a ação está lateralizada você não ganhará dinheiro — não é o ideal.

No terceiro cenário, Você utilizará a Saída na Barra Preta. Vamos aprender sobre.

Compreendendo a saída da barra preta

Lembre-se que algumas plataformas permitem que você configure as cores das barras de acordo com a Estratégia PowerX. O gráfico mostra barras VERDES quando todos os três indicadores

sinalizam uma tendência de alta. e, quando os indicadores mostram uma tendência de baixa, você verá barras vermelhas. Quando não houver tendências — os indicadores mostraram sinais conflitantes — o mercado está lateralizado. Nesses casos, você verá barras PRETAS.

Quando isso acontecer, é importante liquidar a operação na abertura após a barra preta aparecer.
Aqui está um exemplo:

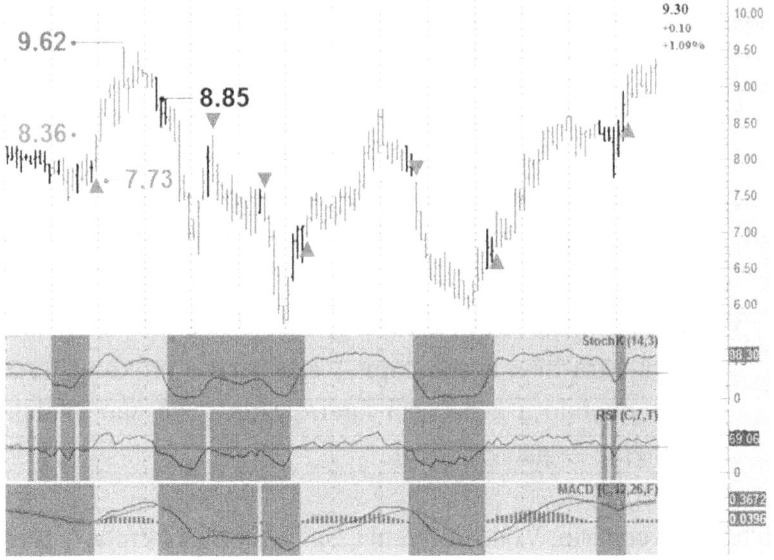

- A entrada em $8.36
- O stop loss em $7.73 ($8.36 - $0.63)
- Lucro alvo em $9.62 ($8.36 + $1.26)

O preço da ação nunca atingiu o lucro alvo de $9.62. Nesse caso, a ação moveu-se até $9.55 e então inverteu. Se nós só tivéssemos um lucro alvo e um stop loss, nós teríamos uma perda ao invés de realizar lucros nesse ponto.

Alguns dias depois da ação atingir $9.55, nós vemos uma barra preta. Colocamos uma ordem para sair da operação na abertura seguinte ao dia em que a vimos e saímos em $8.85.

Vamos revisar por que essa estratégia de saída é tão importante neste exemplo:

- Sem a Saída na Barra Preta, nós teríamos um stop em

$7.73, uma perda de **$0.63 por ação** ou $63 por 100 ações.

- Com a Saída na Barra Preta, nós liquidamos em $8.85 **com um lucro de $0.49 por ação** ou $49 por 100 ações. Isso é um ganho de 6% pelo pouco tempo que estivemos no trade.

Se você quer ter sucesso como Trader, é essencial que você SEMPRE aplique todas essas TRÊS estratégias de saída:

1. Stop Loss
2. Lucro Alvo
3. Saída na Barra Preta

Uma nota importante antes de prosseguirmos:

Você deve ter notado que muitos dos exemplos da Estratégia PowerX em ação foram baseados em ações com preços mais baixos. a razão para isso é simples:

É muito mais fácil para as ações com preços mais baixos fazerem movimentos de maior GANHO PERCENTUAL do que ações com preços mais altos.

Sendo esse o caso, nossas operações podem ser eficientes em termos de tempo de retenção. Não estamos presos por muito tempo à espera de movimentos percentuais maiores que geralmente levam mais tempo para acontecer em ações com preços mais elevados. Entretanto, um bom trade é um bom trade e vamos aceitá-los como eles vêm, não importando em que espectro de preço eles estão.

CAPÍTULO 4

Potencialize sua conta com Opções

Por quê operar opções? É uma boa pergunta, especialmente se você não opera opções...

AINDA.

Existem inúmeros benefícios em operar opções, incluindo:

- **Você pode usar sua conta existente:** Você pode operar opções na maioria das corretoras. Isso significa que você não precisa de abrir novas contas.

- **Operar Opções é perfeito para contas pequenas:** Você não precisa de muito dinheiro para operar opções, você aprenderá um jeito de operar com valores pequenos como $100 por contrato.
- **Comece pequeno, mas cresça GRANDE:** Você pode começar com apenas $2.000 em sua conta e usar opções para aumentar sua conta para $20.000, $50.000 ou até mais!
- **Risco Limitado:** Você já sabe que deve limitar seu risco. A melhor coisa sobre opções? Feito da maneira certa, você raramente perderá mais do que investiu!
- **Potencialize:** Opções permitem você controlar ações por uma fração do seu preço, porém, você obterá todos os benefícios do movimento do preço quando a ação mover a seu favor.

Ainda está coçando a cabeça? Eu entendo. ***Se as opções são tão fantásticas, por que TODOS não as operam?***

Em suma? Há alguns mitos sobre operação de opções girando em torno do mercado, o que detém alguns traders de operá-las. A realidade é que a maioria NÃO são verdade — nem um pouco. Então vamos acabar com esses mitos…

Mito #1. "São Complicadas!"

Muitos traders Fazem as operações com opções mais complicadas do que realmente deveriam ser. Eles se concentram em "Spreads", "The Greeks" e outros detalhes. Como você rapidamente verá, operar opções pode ser mais direto. Meu objetivo é mostrar-lhe um jeito simples de compreender — e lucrar com — opções.

Mito #2. "A maioria das opções expiram sem valor, então você não deve comprar opções."

Existem Centenas de opções. Muitos deles são efetivamente apostas de longo prazo com poucas chances de sucesso!! Como exemplo, existem opções que SÓ gerarão dinheiro se o preço da ação subir 50% nos próximos dias. Isso é possível? Claro. Tudo é possível no mercado. Acontece com frequência? NÃO! E é por isso que opções como esta expiram sem valor. E há MUITAS opções inúteis no mercado por causa de traders que não sabem o que estão fazendo. Ao contrário deles, você aprenderá sobre opções agora mesmo.

Pense nisso como uma apólice de seguro. Existem muitas opções de seguro que fazem sentido — pense na sua casa e no seu carro, para começar, porém, há algumas que NÃO fazem sentido algum. Hoje nos Estados Unidos, mais de 20.000 pessoas estão pagando por um seguro contra "abdução alienígena, gravidez alienígena e consumo por alienígenas". Pense nisso por um minuto. Qual a probabilidade de você precisar desse seguro? Exatamente — NUNCA!

Opções são a mesma coisa. Aprenda como operar as opções "corretas" — as opções que realmente MANTERÃO seu valor — e você terá lucros.

Mito #3. "Você tem que ser bom em Matemática..."

Ser bom em matemática não é necessário para operar opções de maneira eficaz. Alguns traders gostam de fazê-las parecer muito complicadas, mas, elas podem ser usadas de maneira simples e, ainda assim, produzirem um ótimo resultado.

A verdade? ***Uma vez dominada a simplicidade, você ganhará complexidade.*** Vou mostrar uma maneira simples de começar com as opções para que você possa operá-las Com uma simples e eficiente estratégia, você aprenderá a andar antes de correr e se preparar para o sucesso com opções.

Uma nota importante antes de prosseguirmos:

A estratégia PowerX permite que os traders a usem aonde for mais adequado para eles, a seu próprio critério, sendo no mercado de ações ou de opções. Muitos dos fatores que devem ser considerados ao decidir qual será a melhor opção serão exclusivos de cada trader. O tamanho da conta e o nível de experiência serão dois dos fatores mais críticos, juntamente com o preço da ação que se considera operar. A liquidez no mercado de opções e de ações também devem ser levados em conta ao determinar o melhor plano e estratégia.

Operando Opções 101

Se você é novo em opções, esta seção é para você. e se você já as operou antes — mesmo com sucesso — AINDA LEIA ESTA SEÇÃO. É sempre bom voltar ao básico com algo tão importante.

Comecemos com um exemplo. Você quer comprar uma casa por $200.000, mas, você não tem todo esse dinheiro. Você precisa se "potencializar" com um empréstimo para comprar sua casa.

Para iniciar o processo, você precisará pagar uma entrada, o valor do pagamento depende de muitos fatores. Para facilitar, vamos dizer que você pagará 5% — $10.000

Agora, vamos supor que a casa valorize para $ 220.000 após o fechamento. Quanto dinheiro você ganhou com essa compra?

Você disse 10%?

É simples, não é? O valor da casa aumentou em $20.000 ou, nesse caso, 10%.

Se você disse 10%, você estaria com a maioria. E você estaria ERRADO.

Qual a resposta certa? 200%.

Pense nisso. O banco deu a você $190.000. Se você fosse vender a casa agora, teria que pagar ao banco $190.000, deixando-te com $30.000 em dinheiro. Desses $30.000, $10.000 foi o seu pagamento inicial. Subtraia isso e você terá um lucro de $ 20.000 — nos $ 10.000 que você investiu. Faz sentido?

Portanto, embora o ativo respectivo — A casa — só valorizou 10%, você poderia ganhar 200% com base no dinheiro que trouxe para o negócio.

É exatamente assim que funciona as opções.

O que é uma Opção?

Uma opção dá ao comprador o direito, mas não a obrigação, de comprar ou vender a ação respectivo em um Preço determinado — também conhecido como "strike price"— antes da data pré-

definida ou data de expiração.
Há dois tipos de opção:

- Uma **CALL** que te dá o direito de **COMPRAR** a ação respectiva no preço determinado (strike price) antes da data de expiração.
- Um **PUT** que tedá o direito de **VENDER** a ação respectiva no preço determinado (strike price) antes da data de expiração.

É importante notar que a opção é um "direito" e não uma "obrigação". Como um COMPRADOR de uma opção, você PODE comprar as respectivas ações a um determinado preço — o strike price — antes da data de expiração, mas você não precisa comprar.

Isso pode parecer secundário, mas é uma designação muito importante. Em breve, você verá o por quê.

Compreendendo Strike Prices

O strike price específica o preço pelo qual você pode comprar ou vender a respectiva ação. O strike prices são definidos pelas operações de opções.

Digamos, por exemplo, uma ação está sendo operada em $10,00, os pré definidos strike prices para essa opção são $9, $10, $12,50, $15.00 e seguindo.

- Se você comprar uma CALL com um strike price de $9,00, você tem o direito — mas não a obrigação — de comprar a ação por $9,00. Já que o preço da ação está em

$10.00, essa opção está com o valor "intrínseco" de $1,00. Por quê?

Porque você poderia comprar a opção com o strike price de $9.00

Exercer imediatamente o seu direito de comprar as ações por $ 9,00

E ENTÃO vender por $ 10,00 no mercado, pois ESSE é o valor de mercado atual

Portanto, a opção valerá pelo menos $ 1,00. Isso é chamado de "valor intrínseco".

Além do valor INTRÍNSECO, as opções também têm valor EXTRÍNSECO. Em uma call, to VALOR EXTRÍNSECO é baseado na probabilidade do preço da ação estar acima do preço da opção antes ou no dia da data de expiração.

Componentes de Preço de uma Opção de CALL ITM

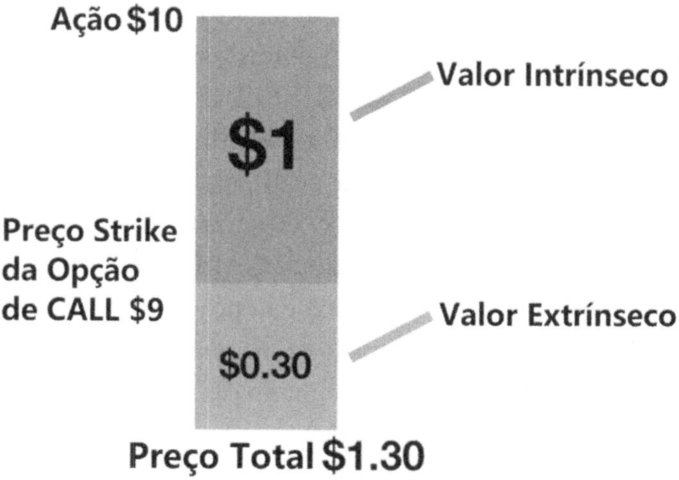

Se você está confuso agora, aguente firme — o pior já passou! E se você entendeu ESSE conceito, você (quase) sabe o que precisa saber para arregaçar as mangas e colocar a mão na massa.

Vamos dar uma olhada em uma outra ação com um strike price diferente. Nesse segundo exemplo, ação é operada em $11,00 e você tem uma opção de CALL com o strike price em $12.50. Isso significa que você tem o direito de COMPRAR as respectivas ações antes da data de vencimento por $ 12,50.

Claramente, a opção não tem nenhum VALOR INTRÍNSECO no momento — somente se a ação se mover para $12.50. Mas digamos que isso aconteça. digamos que a ação moveu-se de $11.00 para $13.00. Nesse caso, A opção de $12,50 teria o valor INTRÍNSECO de $0,50.

Alguns outros detalhes importantes para se ter em mente sobre as opções e seu valor:

- Se o strike price de uma opção de CALL está ABAIXO do atual preço da ação — em outras palavras, se o preço da opção tiver valor INTRÍNSECO — A opção é chamada de "in-the-money" (ITM). Em nosso primeiro exemplo acima, o preço da ação estava em $10,00, A opção com o strike price de $9,00 seria uma opção ITM.
- Se o strike price de uma opção de CALL está ACIMA do atual preço da ação — o preço da opção NÃO tem valor INTRÍNSECO — a opção é chama de "out-of-the-money" (OTM). Em nosso segundo exemplo, A opção de $12,50, seria uma opção OTM.
- Se o strike price de uma opção de CALL está com o mesmo preço da ação, A opção seria chamada de "at-the-money" (ATM). Em nosso primeiro exemplo, Uma opção em $10,00 seria uma opção ATM.

Compreendendo datas de expiração

Outro detalhe importante das opções são as datas de vencimento. Cada opção tem uma "data de expiração". Uma vez que a opção expire, você não tem mais o direito de comprar (ou vender) as respectivas ações pelo strike price.

Na data de vencimento, o valor de uma opção é igual ao valor INTRÍNSECO.

- Se sua opção está "in-the-money," (ITM) então sua opção terá algum valor.
- Opções "at the money" (ATM) e "out-of-the-money" (OTM) não têm nenhum valor quando expiram.

- O valor extrínseco fica menor a cada dia. Isso é chamado de "Decadência por tempo"
- Quanto mais perto uma opção chega da expiração, mais rápido o Valor EXTRÍNSECO desaparece.

Pense nisso como um boneco de neve ao sol. No início, a opção perde um pouco do valor extrínseco, assim como um boneco de neve derrete mais devagar no início. Mas, ao se aproximar da data de expiração, a opção perde cada vez mais valor, assim como o boneco de neve derrete cada vez mais rápido.

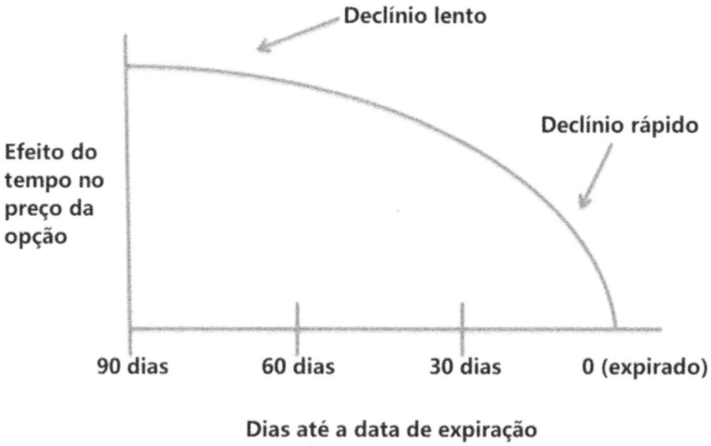

Como você pode ver, é importante escolher opções que te dão bastante tempo até a data de expiração. Entretanto, opções com um longo tempo até a data de expiração também são mais caras

Em minha experiência, o melhor ponto é de 30 a 45 dias até a expiração. Esse espaço nos dá um tempo adequado para que as operações aconteçam e ajuda-nos a evitar a fase de rápida perda no valor extrínseco das opções. **Em outras palavras, embora o "ponto ideal" para realizar é de 10 a 20 dias, compramos**

nossas opções com mais antecedência (30-45 dias) para evitar a perda muito rápida de valor extrínseco que essa opção sofrerá nas 3 semanas antes da data de expiração. Observe a rápida perda de valor na parte final da vida de uma opção no gráfico acima.

Tamanho de um Contrato de Opção

IMPORTANTE: Opções controlam parte de ações!

Você não pode comprar uma opção ou uma ação. **Quando você compra um contrato de opção, você está na verdade comprando o direito de comprar ou vender 100 das respectivas ações.**

Isso é importante!

Os preços das opções são por cada ação de modo que suas cotações sejam consistentes com as cotações de preços de ações, que também são cotadas por cada ação individual. Cada contrato de opção é para 100 ações. É assim que funciona. Se o preço da opção é $2,00 no mercado e você quer comprar um contrato, você terá que pagar $200 no mundo real ($2,00 por ação * 100) ações que o contrato controla.

Por quê?

Isso é por causa dos "lotes redondos". Qualquer operação de ações que não é um bloco de 100 é considerado um "lote estranho". Lotes redondos são operações que ocorrem às centenas ou milhares. A maioria das operações são em lotes redondos e, portanto, são operados em blocos de centenas, milhares ou dezenas de milhares. Os contratos de opção foram definidos para controlar 100 ações, já que esse é o número mais comum que as instituições preferem executar. **Portanto, 100 ações se tornaram o padrão para as operações com um contrato de opções.**

Estratégias em Opções

Existem muitas estratégias para operar opções que os traders usam com base na respectiva ação, a oportunidade que eles veem, sua tolerância pessoal ao risco, conhecimento e experiência, objetivos, etc. Este breve guia de referência fornece uma longa lista de estratégias de opções das muito simples as mais complexas.

Guia de Referência a Estratégias em Opções

Estratégia	Perfil de Risco	Estratégia	Tendência de Mercado	Lucro Potencial	Risco Potencial	Efeito do Tempo
Long Call		B1 - C	Alta	Ilimitado	Limitado	Prejudicial
Short Call		S1 - C	Baixa	Limitado	Ilimitado	Útil
Long Put		B1 - P	Baixa	Ilimitado	Limitado	Prejudicial
Short Put		S1 - P	Alta	Limitado	Ilimitado	Útil
Bull Call Spread		B1 - LC S1 - HC	Moderadamente Alta	Limitado	Limitado	Misturado
Bull Put Spread		B1 - LP S1 - HP	Moderadamente Alta	Limitado	Limitado	Misturado
Bear Put Spread		B1 - HP S1 - LP	Moderadamente Baixa	Limitado	Limitado	Misturado
Bear Call Spread		B1 - HC S1 - LC	Moderadamente Baixa	Limitado	Limitado	Misturado
Long Straddle		B1 - ATM - C B1 - ATM - P	Volátil	Ilimitado	Limitado	Prejudicial
Short Straddle		S1 - ATM - C S1 - ATM - P	Estável	Limitado	Ilimitado	Útil
Long Strangle		B1 - OTM - C B1 - OTM - P	Volátil	Ilimitado	Limitado	Prejudicial
Short Strangle		S1 - OTM - C S1 - OTM - P	Estável	Limitado	Ilimitado	Útil
Call Ratio Back Spread		S1 - LC B2 - HC	Fortemente Alta	Ilimitado	Limitado	Misturado
Put Ratio Back Spread		S1 - HP B2 - LP	Fortemente Baixa	Ilimitado	Limitado	Misturado
Long Butterfly		B1-LC S2-HC S1-HC B1-LP S2-HP S1-HP	Estável	Limitado	Limitado	Útil
Short Butterfly		S1-LC B2-HC S1-HC S1-LP B2-HP S1-HP	Alta ou Baixa	Limitado	Limitado	Prejudicial
Long Condor		B1-LC S1-HC S1-HC B1-HC B1-LP S1-HP S1-HP B1-HP	Estável	Limitado	Limitado	Útil
Short Condor		S1-LC B1-HC B1-HC S1-HC S1-LP B1-HP B1-HP S1-HP	Alta ou Baixa	Limitado	Limitado	Prejudicial
Long Iron Butterfly		S1-ATM-C, B1-OTM-C S1-ATM-P, B1-OTM-P	Estável	Limitado	Limitado	Útil
Short Iron Butterfly		B1-ATM-C, S1-OTM-C B1-ATM-P, S1-OTM-P	Alta ou Baixa	Limitado	Limitado	Prejudicial
Call Calendar		B1-LC, longer term S1-HC, shorter term	Moderadamente Alta	Limitado	Limitado	Misturado
Put Calendar		B1-HP, longer term S1-LP, shorter term	Moderadamente Baixa	Limitado	Limitado	Misturado
Inverted Diag Iron Butterfly		B1-LC-LT, S1-HC-ST B1-HP-LT, S1-LP-ST	Escala limitada ou Estável	Limitado	Limitado	Misturado

Como você pode ver, traders gostam de usar nomes interessantes para suas estratégias, como "Condor," "Butterfly," "Spread," "Straddle" e "Strangle."

Qual dessas estratégias de opções são as melhores?

Isso depende de MUITOS fatores.

Por hora, meu conselho é simples — *Mantenha-se Simples.*

- Quando você quiser COMPRAR uma ação, compre uma CALL
- Quando você quiser VENDER uma ação, compre um PUT

Se você não pode ganhar dinheiro com essas estratégias simples, é muito improvável que ganhe dinheiro com estratégias mais complexas. Experimente primeiro as mais simples, e então você pode passar para "Spreads," "Condors," e outras estratégias mais avançadas. Mas, por enquanto, vamos começar pelo simples.

> **Uma vez dominada a simplicidade, você ganhará complexidade.**

Um Exemplo de uma Operação de Opções

Vamos ver um rápido exemplo para resumir tudo. abaixo está uma ação que nos deu um sinal de compra em $11,10. Com base nos cálculos que eu dei a você no capítulo anterior, colocamos nosso stop loss em $10,59 e nosso lucro alvo em $12.12. lembre-se, nós chegamos no stop loss no valor de $10.59 pela nossa ADR (Average Daily Range - Média Móvel Diária) e cálculos já vistos nos capítulos anteriores.

A ADR no exemplo abaixo é de $0,34 e se multiplicarmos isso por 1,5 nós chegaremos em $0,51 que, subtraindo do nosso nível de compra em $11,10 temos $10.59 que será nosso nível de stop loss. Meu Software PowerX faz esses cálculos automaticamente baseado no tamanho da conta.

Como você pode ver, alguns dias depois de entrar na operação, o lucro alvo foi atingido, e nós fizemos $1,02 por ação ou $102 por 100. **Isso é 9% de lucro em apenas alguns dias!**

Nada mau, não é?

Mas vamos dar uma olhada em uma possível operação de opção.

No dia em que a ação foi operada acima da máxima do dia anterior e nós entramos em $11.10, A opção de CALL com o strike price de $10.00 e 45 dias para expiração estava com valor de $1.20.

alguns dias depois, quando a ação atingiu o lucro alvo, a opção estava em $2.22.

Isso é 85% de lucro em apenas alguns dias operando opções!

Vamos comparar os resultados dessas operações de ações e de opções:

	Compra de 100 ações	Compra de 1 Contrato de Opção (Controla 100 ações)
Investimento necessário	$1.110	$120
Lucro	$102	$102
Lucro em %	9%	85%

Operar opções está começando a parecer muito bom, não está? É por isso que, a seguir, vamos mostrar como usar a Estratégia PowerX para operar opções.

CAPÍTULO 5

Operando Opções com a Estratégia PowerX

Toda opção é vinculada a sua respectiva ação. Portanto, antes de fazermos um movimento, precisamos olhar para a ação e analisar se ela está com tendência de alta, baixa ou lateralizada. Para fazer isso, vamos aproveitar a Estratégia PowerX para determinar quando comprar uma ação — o mesmo processo descrito anteriormente neste livro.

Selecionando a Melhor Opção

Comecemos com um exemplo. Nesse gráfico todos os três indicadores sinalizam COMPRA. Hoje, O preço da ação moveu acima da alta da "barra de sinal". Se nós quisermos operar essa ação, nós a compraríamos em $13,96. Baseado nos cálculos de Stop loss e Lucro Alvo que você aprendeu no capítulo anterior, o stop loss para essa operação seria em $13,27 e o lucro alvo em $15.34.

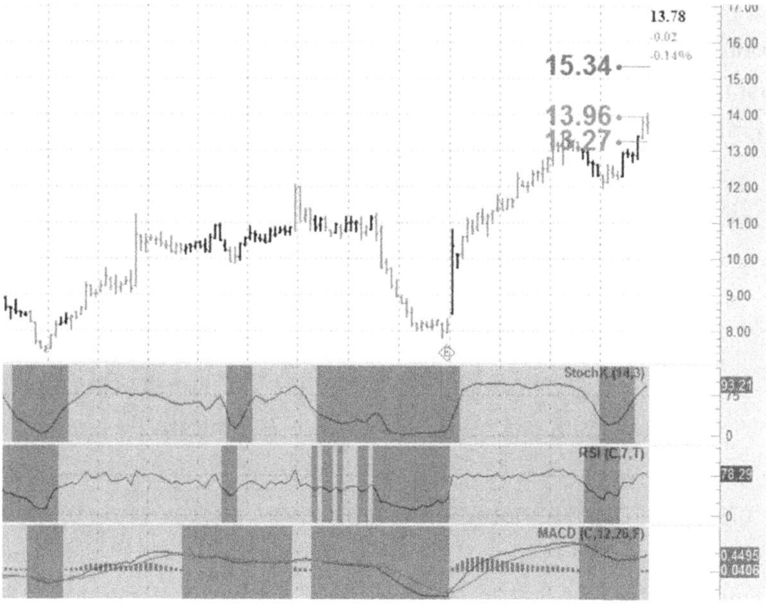

Ao invés de operar ações nós vamos operar opções dessa vez. ***Entretanto, ainda temos que olhar para a ação para analisá-la, afinal, opções são vinculadas às ações.***

A ação nos deu um sinal de entrada, Agora podemos ir para opções. Mais cedo, nós falamos sobre opções "in-the-money," "at- the-money" e "out-of-the-money". Aqui estão as três escolhas:

Opção	DTE	Strike	Call/Put	Preço de Entrada
ITM (Conservador)	40	125	CALL	1.99
ATM (Moderado)	40	15	CALL	0.75
OTM (Agressivo)	40	175	CALL	0.23

Por favor, acesse ***PowerXStrategy.com/gift*** *para baixar o guia completo com todos os gráficos coloridos de graça.*

Todas as três opções têm 40 dias para a Expiração (DTE), que é bastante tempo. E já que queremos COMPRAR a ação, estamos procurando opções de CALL.

- A opção "In-The-Money (ITM)" tem o strike price de $12,50 e custa $1,99 = $199 por contrato de opção.
- A opção "At-The-Money (ITM)" tem o strike price de $15.00 e custa $0.75 = $75 por contrato de opção.
- A opção "Out-Of-The-Money (ITM)" tem o strike price de $17.50 e custa $0.23 = $23 por contrato de opção.

É claro que não tomamos nossa decisão apenas com base no preço. A opção OTM é de longo prazo,e pode não valer nada quando atingirmos nosso Lucro Alvo. Portanto, **Eu pessoalmente não opero opções "out-of-the-money". Meu tipo de opção favorito é o "in-the-money"** uma vez que mantêm seu valor muito bem e se movem de forma muito semelhante ao preço das ações.

Mas, vamos comparar essas três opções para você ver cada uma a fundo. Meu Software PowerX calcula automaticamente quanto a opção poderá valer quando o preço da ação atinge o lucro alvo ou o stop loss.

No Trading, você sempre quer fazer estimativas conservadoras. É sempre melhor ser surpreendido

positivamente!

Baseado nos meus cálculos:

Opção	DTE	Strike	Call/Put	Preço de Entrada	Alvo	Stop
TM (Conservador)	40	12.5	CALL	1.99	2.95	1.42
ATM (Moderado)	40	15	CALL	0.75	1.27	0.42
OTM (Agressivo)	40	17.5	CALL	0.23	0.40	0.09

- A opção "in-the-money" (ITM) deverá valer $2,95 quando o preço da ação atingir meu lucro alvo. Portanto, meu lucro potencial para essa opção é de $0.96. Baseado no preço de entrada em $1.99, será um lucro de 48%.
- A opção "at-the-money" (ATM) deverá valer $1.27 quando o preço da ação atingir meu lucro alvo. Portanto, meu lucro potencial para essa opção é de $0.52. Baseado no preço de entrada em $0.75, será um lucro de 69%.
- A opção "out-of-the-money" (OTM) deverá valer $0.40 quando o preço da ação atingir meu lucro alvo. Portanto, meu lucro potencial para essa opção é de $0.17. Baseado no preço de entrada em $0,23, será um lucro de 74%.

Mas isso não é tudo. Antes de tomar uma decisão, é importante analisar o risco associado à operação.

- A opção "ITM" deverá ainda valer $1.42 quando o preço da ação atingir meu stop loss. Portanto, meu risco potencial nessa opção é de $0.57. Baseado no meu lucro potencial de $0.96, a relação Risco/Lucro seria de 1:1.7. Ou seja, estaríamos arriscando $0.57 para fazer $0.95 nessa operação usando opções.

- A opção "ATM" deverá ainda valer $0.42 quando o preço da ação atingir meu stop loss. Portanto, meu risco potencial nessa opção é de $0.33. Baseado no meu lucro potencial de $0.52, a relação Risco/Lucro seria de 1:1.6. Ou seja, estaríamos arriscando $0.33 para fazer $0.52 nessa operação usando opções.

- A opção "OTM"deverá ainda valer $0.09 quando o preço da ação atingir meu stop loss. Portanto, meu risco potencial nessa opção é de $0.14. Baseado no meu lucro potencial de $0.17, a relação Risco/Lucro seria de 1:1.2. Ou seja, estaríamos arriscando $0.14 para fazer $0.17 nessa operação usando opções.

Como você pode ver, a relação Risco/Lucro é melhor ao operar opções "ITM". Para cada $1 que arriscamos, podemos esperar fazer ao menos $1.70 — é por isso que opções "ITM" são meu tipo favorito de opções.

Você deve ter notado que as médias da ITM e da ATM são muito próximas e, com certeza, você pode escolher qualquer uma dessas duas opções, **mas, em geral, eu costumo escolher a opção "ITM"**.

Quando Entrar em uma Operação de Opções

Uma vez decidida qual opção você quer operar, é hora de colocar a ordem na sua plataforma.

Lembre-se de que **PRIMEIRAMENTE, o preço da ação deve mover-se acima da alta da barra de sinal ANTES de entrar em uma operação de opções** (todos os três indicadores técnicos que usamos alinhados criando um sinal de "COMPRA").

Quando Sair de uma Operação de Opções

Já que cada opção está vinculada a sua respectiva ação, você terá que vigiar a ação para encontrar sinais de saída. **Assim que a ação lhe der um sinal de saída você deve liquidar a operação.**

Assim como eu mostrei no capítulo sobre ações, há três tipos de saída :

1. Stop Loss
2. Lucro Alvo
3. Barra Preta

Depois de entrar em uma operação de opções, dê uma olhada no mercado para ver se há sinais de saída.

Nesse exemplo, a ação está em uma tendência de alta como esperado depois de alguns dias — mas nós não atingimos nosso lucro alvo ainda.

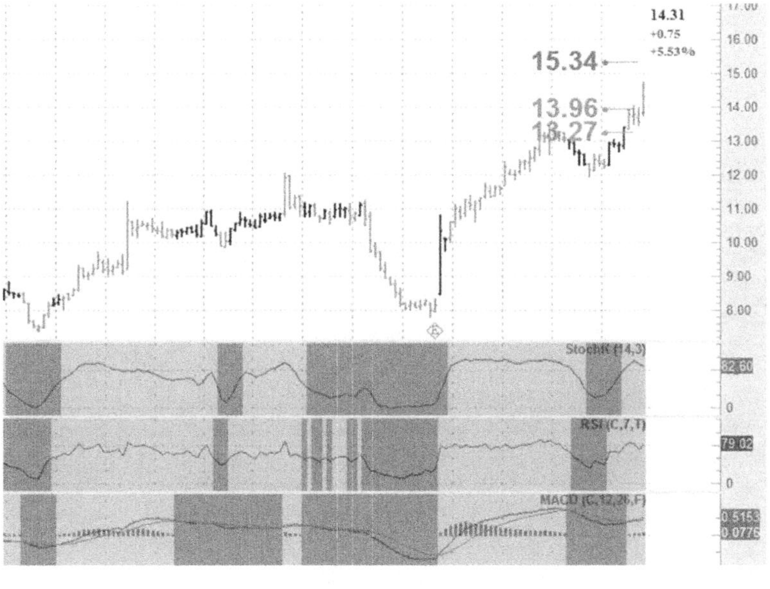

Nesse caso, você continuará monitorando a ação. Assim que o lucro alvo ou o stop loss for atingido — ou você se deparar com uma barra preta — você precisa sair da operação para realizar lucros ou limitar seus riscos. Quando você pensa desse jeito é bem mais simples, não é?

Agora você conhece a estratégia que eu uso em minha rotina de trading, você sabe escolher ações ou opções, entrar e sair das operações, **Mas ainda que você tenha a melhor estratégia do mundo você ainda poderá perder dinheiro se não tiver um gerenciamento apropriado.**

No próximo capítulo eu vou **compartilhar o sistema de gerenciamento de capital que não só salvou minha conta, mas, possibilita transformar $5000 em $41400 em apenas 12 meses.** Vamos ver...

CAPÍTULO 6

Como transformar uma pequena conta em uma grande

Gerenciamento de Capital é uma das bases do trading — mas, surpreendentemente, muitas vezes é completamente esquecido. *Se você quer aumentar sua pequena conta de trading em uma maior, você precisa empregar estratégias sólidas de gerenciamento de capital desde o início.* Se você realmente entende e aproveita o poder e eficácia de um Gerenciamento, Você será capaz de crescer sua conta mesmo sem aprimorar sua performance como trader.

Gerenciamento de Capital 101

Qual a maior lição que posso lhe ensinar nesse ponto? Você não será necessariamente lucrativo no primeiro dia. Sua carreira como trader vai crescer gradativamente e você quer planejar isso. Qual o melhor jeito? Sendo consistente e garantindo que você não está operando muito agressivamente, especialmente no início. Se você estiver, você será eliminado. E se você for ao extremo da outra direção, se você for SUPER conservador com suas operações, também não será bom. Ninguém quer ser um trader de um só lote pelo resto da vida. Eventualmente, você precisará abrir voo e operar mais ações e contratos. É importante ter em mente que você ainda precisa respeitar o quanto está investindo em cada operação. Como regra geral, Eu raramente coloco mais de 5% da minha conta em uma só operação.

Esta é, sem dúvida, uma das maiores armadilhas para traders novos e experientes. eles ficam impacientes — em suas cabeças, eles não estão ganhando dinheiro suficiente e começam a operar como loucos, agressivamente. Eu fiz isso no início — não tenho medo de admitir. Eu pensei que deveria ganhar mais dinheiro e comecei a operar como se não houvesse amanhã. Qual foi o resultado final? Quase não houve para mim e nem para minha carreira como trader. O mercado me esmagou.

15 anos depois, percebo que minha experiência está longe de ser a exceção — é a regra. **Se você tentar operar no mercado de maneira muito agressiva, isso vai te custar caro**. Como traders, nós precisamos **focar na consistência e clareza**. Comece pequeno, prove que você pode ser consistente e lucrativo e então, aplique os princípios do gerenciamento de capital para crescer sua conta — E sua RIQUEZA — ainda mais.

Compreendendo O Gerenciamento de Capital

Vamos dar um passo para trás porque compreender gerenciar o seu dinheiro e como ele se relaciona com gerenciamento de risco é crítico para ser tornar um trader.

Resumidamente, o gerenciamento de capital se refere a uma estratégia sistemática para crescer sua conta.

Seu Plano de Gerenciamento dirá exatamente quanto dinheiro você deve arriscar com base no tamanho de sua conta com o objetivo de aumentá-la de maneira otimizada.

Apesar de que cada trader vai, em última análise, criar suas próprias regras de gerenciamento, eu tenho dois conceitos-chave que gosto de aplicar:

1. **Se você é lucrativo, pode aumentar seu risco por operação.**

   Anteriormente, eu disse que raramente coloco mais de 5% da minha conta em uma operação. Essa quantia é quando estou muito confiante e tenho um bom histórico com minha estratégia. No início, segui a regra de 2%: “Nunca arrisque mais de 2% da sua conta em qualquer trade.” E essa é uma ótima regra a se seguir até você ter colocado seu rendimento a prova.

Entretanto, uma vez que você tenha um bom histórico, para crescer a sua conta, você terá que quebrar a regra dos 2%, eis o porquê:

Trading é uma função de risco e recompensa.

Nós já falamos da minha regra de ouro: 1 para 2

-Você vai tentar fazer $2 por cada $1 que você arrisque ou $20 por cada $10 que você arrisque. Lembre-se, isso é importante porque mesmo que você só acertar 50% das operações você ainda terá lucros. Você já conhece esse conceito base.

Quanto maior o risco maior o lucro:

- Se você arriscar $200 em uma operação, você vai tentar fazer $400.
- Se você arriscar $400 em uma operação, você vai tentar fazer $800.

Minha regra é que você só deve arriscar mais se tiver provado a si mesmo que pode ganhar dinheiro por pelo menos 4 semanas consecutivas. Logo a frente vou lhe dar mais detalhes, mas, primeiro vamos falar sobre o seguinte conceito:

2. ***Quando você perder dinheiro você deve reduzir o Risco por operação.***

   Enquanto você estiver ganhando dinheiro, você tem permissão para aumentar seu risco - e logo, seus lucros. mas quando você perde dinheiro, você tem que reduzir seu risco por operação. Esse sistema é chamado de "Anti-martingale", e é o melhor jeito de crescer sua conta de maneira segura.

Por que Gerenciamento de Capital é Importante?

Larry Williams é um trader que tornou-se famoso por vencer Campeonato Mundial de Trading de Ativos Futuros ao crescer o capital de uma conta de $10,000 em $1,100,000 em 12 meses.

Perguntaram-no como ele foi capaz de realizar esse incrível feito em sua conta.

Eis o que ele respondeu:

"Por anos as pessoas perguntavam-me sobre minhas operações para saber como as fiz. Eu os agradeço com prazer, eles aprenderão que – o que criou o ganho gigantesco não foi tanto uma grande habilidade em trading, mas, **a forma agressiva de gerenciamento de capital que usei**. A estratégia era comprar mais contratos quando eu tinha mais equidade na minha conta e comprava menos quando tinha menos."

Aqui está outra razão pela qual o gerenciamento de dinheiro é tão importante:

Até mesmo gênios com uma estratégia lucrativa

Podem perder no Trading:

O experimento de Ralph Vince

Ralph Vince é um investidor financeiro e educador muito respeitado e conhecido. Ele publicou vários livros sobre trading e sobre o mercado, ele também realizou um experimento muito famoso conhecido como o Experimento Ralph Vince.

Vince selecionou 40 Doutores em especialidades acadêmicas e os colocou em um jogo de trading.

Todos os 40 tinham doutorado, Mas Vince certificou de que nenhum deles fossem doutores em estatística ou em mercado financeiro .

No jogo, cada um deles recebeu US $ 1.000 e 100 trades, Com uma porcentagem fixa de sucesso de 60%.

Quando os trades eram positivos, eles ganharam o valor que eles arriscaram .

Quando os trades eram negativos, Eles perderam o valor que eles arriscaram.

Simples.

Nesse experimento todos eles tinham estratégia lucrativas de trade, uma vez que 60 dos 100 trades eram positivos. Se eles arriscassem $10 em toda operação, eles teriam feito $600 (60 * $10) e perdido $400 (40 * $10). Portanto, depois de 100 trades, eles deveriam ter feito $200.
fácil demais, não é?

Mas nesse experimento, depois de que todos os 40 doutores completaram seus 100 trades. Quantos deles você acha que tiveram lucro? 2.

Somente 2 dos 40 foram capazes de ganhar dinheiro. Os outros 38 falharam.

95% dessas pessoas "inteligentes" perderam dinheiro, por causa de um mau gerenciamento de capital!

(FONTE: CSI News Journal, March 1992)

Eis o que acontece quando as pessoas começam a falhar em algumas operações... Eles pensam que estão próximos de um trade positivo e de um grande lucro. Em outras palavras, eles pensam como apostadores. Eles querem sair do buraco em que estão e voltar rapidamente para o montante que entraram. Eles abandonam a disciplina. Eles deixam de aplicar partes importantes do seu sistema de gerenciamento. Eles até começam a ficar desleixados com o que antes era uma estratégia confiável. Essas tendências humanas são o que devemos gerenciar para termos sucesso consistente no mercado financeiro.

Como você pode ver, o Gerenciamento de Capital é extremamente importante para QUALQUER tamanho de conta, e é ainda mais crítico se você quer aumentar sua conta pequena e transformando-a em uma grande.

O Melhor Sistema de Gerenciamento de Capital

Há muitos sistemas de gerenciamento. Aqui estão alguns:

- *Risco por Porcentagem.*

  Essa é a típica "Regra dos 2%." Você não arrisca mais do que 2% da sua conta em qualquer trade. Conforme sua conta cresce, você pode decidir arriscar mais. Embora seja uma ótima estratégia de baixo risco que nós usamos quando estamos iniciando, ela não te ajudará a crescer sua conta rapidamente.

- *Optimal F.*

  O Sistema Optimal F de Gerenciamento de Capital foi desenvolvido por Ralph Vince, e ele escreveu vários livros sobre esse e outros sistemas e tópicos sobre gerenciamento de capital. A Ideia é você determinar a fração do seu dinheiro a ser aplicado por operação, baseado no seu histórico de performance. Se seu Optimal F é 18%, cada trade deveria ser de 18% da sua conta — nem mais, nem menos. Embora seja uma estratégia avançada de gerenciamento, ela requer cálculos muito complicados, além do mais, você deve ter o desempenho detalhado de sua estratégia e performance, e pouquíssimos trades tem essas métricas necessárias para a utilização desse gerenciamento de capital.

- *Fixed Ratio.*

  Essa é minha favorita, pois é fácil de seguir e permite que você aumente sua conta rapidamente. Eis como a Fixed Ratio funciona:

  Vamos supor que você comece com $10.000 em primeiro de Fevereiro de 2018. Quando você começar a operar, você aplica a regra dos 2%, ou seja, você não arrisca mais do que 2% da sua conta em um trade. 2% de $10.000 é $200.

A tabela abaixo mostra o risco sugerido:

Seu Plano de Longo Prazo

Capital Inicial	$ 10,000.00	
Data Inicial	10/1/2020	
Meta/Semana	$ 100.00	em média (depois de operações positivas e negativas!)
Risco por Trade	$ 200.00	
Dias de operações para o próximo nível	20	
Semanas de operações para o próximo	4	

Data Próximo nível	De	Para	Risco/ Trade	Risco Total	Lucro Semanal	Saudo Minimo	% Risco
1-Fev-18	$ 10,000.00	$ 10,400	200	1000	$ 100.00	9000	10%
1-Mar-18	$ 10,400.00	$ 11,200.	400	2000	200.00	8400	19%
29-Mar-18	$ 11,200.00	$ 12,400.	600	3000	300.00	8200	27%

Se você aplicar minha regra de ouro, Quando você arrisca $200 você está tentando fazer $400.

Você terá operações positivas e negativas. Seu objetivo é fazer $100 por semana em uma conta de $10.000.

Você acredita que esse seja uma meta realista? Claro que é!

Se você fazer $100 por semana, você fará $400 em 4 semanas e sua conta crescerá de $10.000 para $10.400.
E então a mágica acontece.

Se você for capaz de fazer $100 por semana consistentemente por 4 semanas seguidas, você vai poder arriscar mais e poderá arriscar $400 em cada trade:

Seu Plano de Longo Prazo

Capital Inicial $ 10,000.00
Data Inicial 10/1/2020

Meta/Semana $ 100.00 em média (depois de operações positivas e negativas!)
Risco por Trade $ 200.00

Dias de operações para o próximo nível 20
Semanas de operações para o próximo 4

Data Próximo nível	De	Para	Risco/ Trade	Risco Total	Lucro Semanal	Saudo Mínimo	% Risco
1-Fev-18	$ 10,000.00	$ 10,400.	200	1000	$ 100.00	9000	10%
1-Mar-18	$ 10,400.00	$ 11,200	400	2000	200.00	8400	19%
29-Mar-18	$ 11,200.00	$ 12,400.	600	3000	300.00	8200	27%

E ao arriscar $400, você tentará fazer $800 por operação.

Vamos recapitular:

- Você provou para si mesmo que é capaz de fazer, consistentemente, $100 por semana por 4 semanas.
- Você agora se permite aumentar o risco de $200 para $400 por trade.
- Portanto, sua meta de lucro vai de $400 para $800.
- Com o risco e a meta de lucro aumentados, você vai tentar fazer **$200 por semana** ao invés de $100.
  Faz sentido?

Se você atingir seu objetivo de fazer $200 por semana consistentemente pelas próximas 4 semanas, sua conta vai crescer $800 em um mês, de $10.400 para $11.200.

Nas primeiras 4 semanas, você aumentará sua conta de $10.000 para $10.400.

E nas próximas 4, você aumentará sua conta de $10.400 para $11.200.

E já que você começou em primeiro de Fevereiro de 2018, teoricamente, sua conta deve ser de $11.200 em 29 de Março de 2018.

Agora você pode decidir aumentar seu risco novamente de $400 para $600 por operação.

Você gostaria de inserir seus próprios valores patrimoniais e ver como isso funcionaria? Vá para **PowerXStrategy.com/gift** e configure sua própria planilia.

Essa tabela mostra a progressão potencial do seu risco, meta de lucro e do tamanho da conta:

Seu Plano de Longo Prazo

Capital Inicial	$ 10,000.00	
Data Inicial	10/1/2020	
Meta/Semana	$ 100.00	em média (depois de operações positivas e negativas!)
Risco por Trade	$ 200.00	
Dias de operações para o próximo nível	20	
Semanas de operações para o próximo	4	

Data Próximo nível	De	Para	Risco/ Trade	Risco Total	Lucro Semanal	Saudo Mínimo	% Risco
1-Fev-18	$ 10,000.00	$ 10,400.	200	1000	$ 100.00	9000	10%
1-Mar-18	$ 10,400.00	$ 11,200.	400	2000	200.00	8400	19%
29-Mar-18	$ 11,200.00	$ 12,400.	600	3000	300.00	8200	27%

Já que você está arriscando $600 por operação e você aplica a "Regra de Ouro", sua meta de lucro agora é de $1.200. Portanto, você não estará tentando fazer $200 por semana, mas sim, $300.

E depois de conseguir fazer $300 por semana pelas próximas 4 semanas, sua conta vai crescer em $1.200 (4 * $300).

Sua conta crescerá de $11.200 para $12.400 em 26 de Abril de 2018.

Assim que houver mais de $ 12.400 em sua conta, você poderá aumentar seu risco novamente de $600 para $800.

E você poderá aumentar sua meta de lucro de $1.200 para $1.600 e desde que esteja aplicando a "Regra de Ouro:" Você arrisca $800 e tenta fazer $1,600.

A tabela abaixo mostra exatamente quando você deve aumentar seu risco, e logo, sua meta de lucro:

Data Próximo nivel	De	Para	Risco/ Trade	Risco Total	Lucro Semanal	Saudo Minimo	% Risco
1-Fev-18	$ 10,000.00	$ 10,400.	200	1000	$ 100.00	9000	10%
1-Mar-18	$ 10,400.00	$ 11,200.	400	2000	200.00	8400	19%
29-Mar-18	$ 11,200.00	$ 12,400.	600	3000	300.00	8200	27%
26-Abr-18	$ 12,400.00	$ 14,000.	800	4000	400.00	8400	32%
24-Mai-18	$ 14,000.00	$ 16,000.	1000	5000	500.00	9000	36%
21-Jun-18	$ 16,000.00	$ 18,400.	1200	6000	600.00	10000	38%
19-Jul-18	$ 18,400.00	$ 21,200.	1400	7000	700.00	11400	38%
16-Ago-18	$ 21,200.00	$ 24,400.	1600	8000	800.00	13200	38%
13-Set-18	$ 24,400.00	$ 28,000.	1800	9000	900.00	15400	37%
11-Out-18	$ 28,000.00	$ 32,000.	2000	10000	1,000.00	18000	36%
8-Nov-18	$ 32,000.00	$ 36,400.	2200	11000	1,100.00	21000	34%
06-Dez-18	$ 36,400.00	$ 41,200.	2400	12000	1,200.00	24400	33%
3-Jan-19	$ 41,200.00	$ 46,400.	2600	13000	1,300.00	28200	32%
31-Jan-19	$ 46,400.00	$ 52,000.	2800	14000	1,400.00	32400	30%
28-Fev-19	$ 52,000.00	$ 58,000.	3000	15000	1,500.00	37000	29%
28-Mar-19	$ 58,000.00	$ 64,400.	3200	16000	1,600.00	42000	28%
25-Abr-19	$ 64,400.00	$ 71,200.	3400	17000	1,700.00	47400	26%
23-Mai-19	$ 71,200.00	$ 78,400.	3600	18000	1,800.00	53200	25%
20-Jun-19	$ 78,400.00	$ 86,000.	3800	19000	1,900.00	59400	24%

Como você pode ver, depois de 1 ano de trading, você pode,

potencialmente, aumentar uma conta de $10.000 em uma de $52.000 em 28 de fevereiro de 2019!!!

E em 18 meses, você poderá aumentar sua conta para

$86.000!

Esse é o poder do Gerenciamento de Capital!

Um bom sistema de gerenciamento é como um turbo para sua conta!

CAPÍTULO 7

Operando ciladas... e como EVITÁ-LAS

Algumas vezes coisas ruins acontecem — Só direi isso. Algumas vezes, não importa quão sólido seja seu sistema ou quanto você se prepare ou quão robusta sua base seja, as coisas podem não ir como esperado. *Como um trader, uma das melhores qualidades que você pode exibir é a resiliência* — poder se levantar, limpar-se e seguir em frente, mesmo depois de um péssimo dia de trading ou um longo período de perda

Simplesmente ignorar as perdas não é uma boa estratégia. Mas Trading é um jogo de altos e baixos, de voltas e mais voltas. Se você não puder tolerar isso, então você provavelmente não durará muito — e, definitivamente, não verá os lucros que estou falando.

Dito isso, enquanto alguns desafios são inevitáveis, há muitos que você pode evitar desde o início. Nós meus mais de 20 anos como trader, eu vi 10 grandes tipos de ciladas que aparecem de novo e de novo. Não importa se estou lidando com traders novatos ou profissionais experientes. Esses erros parecem seguir a todos onde quer que vão — até que você tome as rédeas, tome de volta o poder e diga NÃO MAIS. É disso que quero falar nesse capítulo.

Pois, com um espírito de total transparência, Eu vou admitir que cometi cada um desses erros — e eu os cometi mais de uma vez. Assim que eu aprendi. Mas você não precisa aprender fazendo — e falhando. *Você pode aprender da minha experiência de erros, tropeços e mal-entendidos*. O lado positivo? é mais barato, fácil e não causará nenhum desencorajamento de se cair em uma dessas ciladas tão comuns.

ERRO #1:Brincar na sua Conta Simulação

Se você é novo em trading, Eu sou totalmente a favor de você usar um simulador. Você terá a chance de tentar lidar com trading sem investir dinheiro de verdade. Isso te ajudará a se acostumar com tendências, mudanças de mercado e - mais importante - A Estratégia PowerX.

Mas isso é até onde se deve ir.

teste em um simulador serve a dois propósitos distintos:

1. Testar uma estratégia.
2. Praticar seu plano.

E eis aqui o que você NÃO deveria fazer em um simulador: operar planos "malucos", ou seja, apostar tudo no vermelho ou qualquer coisa que não tenha nada a ver com seu real planejamento!

O problema é que os simuladores são muito fáceis de serem reiniciados, sejamos honestos, eles não significam nada no final do dia. Comece a operar um simulador e você poderá facilmente se enganar pensando que é uma espécie de super trader, mesmo que seja novo nesse ramo.

Eu vejo isso acontecer o tempo todo. Alguém começa com uma conta simulação de $100.000, operando 1.000 ações por trade. Afinal. Quem liga?? é tudo dinheiro de mentira, não é? Depois de algumas operações, eles estarão ou loucos com muito dinheiro ou totalmente quebrados com seu patrimônio de mentira. E adivinhe? com um simples clique, a conta volta para $100.000 eles fazem tudo de novo.

Para aproveitar o simulador, você precisa configurá-lo para ser parecido com a sua real situação. Se você planeja abrir uma conta de $10.000, configure seu simulador para $10.000 e opere como se fosse a sua conta real de $10.000.

Opere com seu plano — não se desvie para algum curso de fantasia maluca que você nunca seguiria se isso fosse dinheiro de verdade.

Quando eu comecei a operar, eu comecei com meu simulador em

$50.000. Às vezes eu operava e operava

com algum sucesso, e às vezes eu fui à falência no que pareceram minutos. Isso não importava, era só um simulador. Quando eu ficava sem "dinheiro," era só começar de novo.

Se é isso que você quer — operar como se fosse um jogo — vá. Acabe com sua conta simulação com operações ridículas e siga em frente.

Mas se você quer se tornar um trader melhor — então comece a usar o simulador de maneira séria.

Planeje o trabalho e trabalhe com o plano. Opere como se fosse dinheiro real — O SEU dinheiro.

Cometa erros, aprimore sua estratégia e veja como as coisas ficam na prática, não só na teoria. **Uma vez que você "faça dinheiro" consistentemente por 4 semanas em sua conta simulação, Eu sugiro que você comece uma pequena conta real**. Você chegará pronto, armado com a experiência real que você ganhou no seu trabalho na conta simulação.

Usado corretamente, Não há ferramenta melhor por aí.

ERRO #2: Operar sem fundos

O tamanho da sua conta deveria dar um suporte e ser o ajuste para as estratégias e os mercados que você quer operar. Se você estiver operando com uma conta sem fundos, geralmente lhe deixa com medo e com mais chances de fazer do trade uma aposta.

Complicado? Vamos simplificar.

Hipoteticamente e apenas para fins ilustrativos, digamos que você abra uma conta de $5.000, e você quer arriscar 2% em cada operação — Essa é uma ótima regra geral. Nessa conta de $5.000, você está disposto a arriscar $100 por operação.

Isso pode não parecer muito, mas pense nisso ao longo de um ou alguns dias. Se você perder $100 por trade em 10 trades, você perderia $1,000 e sua conta agora seria de $4,000. Qual a boa notícia? Você pode facilmente recuperar esses $1000. Na realidade a diferença entre uma conta de $5,000 e uma de $4,000 não é tão significativo em termos de tamanho geral.

Mas digamos que você tenha menos na sua conta — $2.000, por exemplo. Se você arriscar $100 por trade, você pode facilmente perder $1.000 com 10 trades negativos. Isso é metade da sua conta — e será difícil de recuperar, especialmente com esse dano na sua confiança.

Vamos na outra direção — digamos que você tenha $10.000 na sua conta e perde $1.000 em 10 operações arriscando $100 em cada uma. Não é o ideal, mas realmente vai te fazer parar no meio do caminho? Não muito. Seu saldo vai ser de $9.000 e para a maioria dos traders isso não seria nada demais. Talvez você irá voltar ao simulador, praticar um pouco mais e então recuperar esses $1.000 rapidamente.

Qual o traço comum entre esses cenários de perda? *em cada um, você perde o mesmo valor* — $1.000. Mas, dependendo do capital inicial da sua conta, a perda atinge diferentemente, não é mesmo? Perder $1.000 e ainda ter $9.000 é MUITO diferente que perder

$1.000 e só ter $1.000.

Quando cheguei em Austin, eu comecei com $20.000 na minha conta. Com apenas alguns meses, eu perdi $10.000. Eu enlouqueci — não há outra maneira de dizer isso. Na minha histeria, Eu comecei a cometer erros e estava aterrorizado em executar uma operação, até mesmo quando sabia que seria um movimento certeiro. Sem dúvida isso me machucou mais do que ajudou, no curto e longo prazo.

Embora você não precise de dezenas de milhares ou centenas de milhares de dólares para começar como trader, você precisa de uma conta com fundos adequados.

Uma conta sem fundos é uma bomba-relógio.

Por quê?

Porque VOCÊ PERDERÁ DINHEIRO em algum momento. Se você não pode perder o dinheiro — mesmo com o propósito de fazer mais — então você vai tomar decisões ruins e vai acabar piorando pelo desgaste.

Isso quase aconteceu comigo. Então eu me levantei e comecei a caminhar de novo. O resto, cliché como parece, é história. Mas eu já vi tantos traders com alto potencial caírem, simplesmente porque começaram com contas sem fundos e não conseguiram lidar com o desgaste que inevitavelmente acompanha esse empreendimento.

ERRO #3: Falhando na Execução do seu Plano

Para ter sucesso no trading, você precisa de um plano — e você terá que seguí-lo para ganhar dinheiro. Vimos isso em detalhes no último capítulo.

Se você não segue seu plano de trading, é o mesmo que ler livros de dieta e assistir vídeos de exercícios físicos e esperar emagrecer sem comer melhor e praticar exercícios. VOCÊ NÃO IRÁ. Enquanto você não começar com a dieta e a rotina de exercícios, seu peso só vai continuar subindo e subindo. A mesma coisa no trading — com a exceção de que sua conta só vai continuar caindo e caindo.

Talvez isso não precisasse nem ser dito, mas, como tenho visto muitas e muitas vezes, é preciso. As pessoas ACHAM que querem esse estilo de vida — a riqueza, a liberdade financeira, a LIBERDADE. Eu apostaria que eles realmente a querem. Mas eles tem medo de sair da rotina — do caminho que parece mais seguro, mas provavelmente, não é. Então eles desenvolvem um sólido plano de trading e não fazem NADA.

Você está lendo esse livro porque você quer planejar o trabalho e trabalhar com o plano. Você quer desenvolver um sólido plano de trading que lhe diga exatamente o que você está operando, em que tempo, em que dias e potencializando com quais métodos.

Um plano sólido é a base do seu trading. Infelizmente muitos traders pensam que tudo que eles precisam é de uma estratégia de trading. Este não é o caso! Deixe-me explicar-lhe a diferença entre uma estratégia e um plano de trading.

Uma estratégia de trading lhe diz quando entrar e quando sair de operações. um plano de trading é mais abrangente do que um estratégia.

Um Plano de Trading cobre pelo menos sete elementos:

- Os Mercados que você quer operar ações e opções.
- O tempo gráfico que você deseja operar- 60 minutos, diário, etc.
- Uma breve descrição das estratégias que você quer operar e qual usar em determinadas operações
- As regras de entrada da estratégia.
- As regras de saída da estratégia.
- Outras regras importantes- quando operar e quando não operar
- O sistema de gerenciamento de capital que você usa .

Como você pode ver, um Plano de Trading é um documento abrangente, mas não tem que ser longo. O melhor plano de trading cabe em uma só página, afinal, nessa fase, quanto mais simples, melhor!

E é exatamente isso que estamos fazendo aqui com a Estratégia PowerX. No momento que você chegar na última página do último capítulo, Você estará apto para dizer, "ESSE é o meu Plano — Eu vou operar toda noite e, durante o dia, vou verificar os mercados por 10 minutos. Eu vou colocar ordens de trade de acordo com a Estratégia PowerX e usar as melhores práticas de gerenciamento de capital. SEM PROBLEMAS."

Qual a realidade? Não deveria haver PROBLEMAS. Mas, inevitavelmente, muitos novos traders fracassam. Por quê? Porque eles não têm confiança e essa falta de confiança em seus planos de trading ou em suas habilidades ao executá-lo podem colocar o mais focado e promissor trader para fora do caminho em instantes.

Para se tornar confiante em seu plano e em sua habilidade em seguí-lo, é importante fazer ao menos 40 operações em seu simulador utilizando uma estratégia em particular. Se você quer operar com a Estratégia PowerX, você precisa de 40 trades em um simulador utilizando-a. Não 1, nem 10, nem 39. QUARENTA. 40 é o número certo pois é grande o suficiente para ser estatisticamente relevante. Nós não queremos tirar conclusões de amostragens pequenas. Depois de você completar 40 trades, você estará mais certo do que fazer.

Além disso, Eu sugiro que você seja lucrativo por 4 semanas na sua conta simulação antes de operar com dinheiro de verdade. Porque 4 semanas? À medida que você aprende e obtém lucros, provavelmente vai querer começar muito cedo. Depois de 4 semanas você terá provado sua constância por tempo suficiente que, provavelmente, será duradoura. Além disso, 4 semanas é um reforço de confiança melhor do que apenas 2 semanas.

Eu sei que pode parecer muito, mas você DEVE FAZER ISSO. **É assim que você vai se preparar para o mercado e vai se colocar à frente de todos os aspirantes a traders por aí.** A maioria dos traders olham para os gráficos, pensam sobre o que eles já sabem sobre a Estratégia PowerX e presumem que as coisas vão se encaixar. Mas eles não tem experiência — Eles não tem nada real por trás. Eles não fizeram 40 simulações de trade e não provaram que poderiam ser lucrativos em 4 semanas. E eles, inevitavelmente, sofrem grandes consequências.

ERRO #4: Não ter Expectativas Realistas.

Esse é um grande erro!

Recentemente, alguém me perguntou:

"eu tenho $10,000 e gostaria de fazer $20,000 em 3 meses. Isso é possível?"

Tudo é possível - afinal de contas, há pessoas que ganham milhões na loteria.

Mas não é realista.

No capítulo anterior, Nós falamos de expectativas realistas: Tentar fazer $100 por semana em uma conta de $10,000! Infelizmente, muitos traders deixam suas expectativas muito altas.

Deixe-me dar um exemplo:

Quando eu estava no Ensino Médio, Eu era muito alto. Logo, meu professor de educação física me pediu para fazer saltos em altura. Eu aceitei e nós começamos a treinar.

Primeiramente, ele colocou a barra a 60 centímetros. Eu pensei que era uma piada. afinal, eu podia andar sobre aquela barra. Eu nem precisava pular.

Então meu professor elevou a barra: 10 centímetros por vez. Logo a barra estava a 90 centímetros, e então 1 metro e 1,20m . antes que eu pudesse notar, a barra estava a 1,4m e eu estava exausto.

Eu falhava mais vezes do que conseguia, foi frustrante.

Mas é isso que traders fazem: Eles colocam a barra muito alta no início, porque acham que dão conta e então ficam frustrados por não atingirem seus objetivos.

Recentemente eu dei uma palestra em um salão lotado. Quando perguntei

"Vocês acham realista fazer $100 por semana em uma conta de $10,000?"

Todas as mãos levantaram. Mas havia um cavalheiro que disse,

"è muito pouco!"

Quando o perguntei qual seria a sua meta realista, ele respondeu,

"Eu quero fazer pelo menos $1,000 por semana em uma conta de $10,000."

Baseado na minha experiência, ele está se preparando para o fracasso.

Eis o que acontece se sua meta é muito alta: você vai falhar com mais frequência do que alcançá-la. Isso vai te deixar frustrado, e eis o que um trader frustrado faz: Ele troca seu sistema de trading.

Não cometa esse erro!

Estabeleça uma meta pequena. Coloque a barra a 30 centímetros.

Tenha certeza que você poderá atingir esse objetivo. Construa sua confiança. Quando você atingir sua meta consistentemente, comece a subir a barra, coloque-a a 70 centímetros e veja se ainda consegue bater a meta. Se conseguir, mantenha-a lá por algumas semanas, então poderá subí-la novamente. Se você não conseguir bater a meta, ajuste a barra para um nível realista.

Constância é mais importante que metas altas.

ERRO #5: Preocupando-se por Pequenas Coisas

Traders tendem a se preocupar com coisas que na verdade não importam.

Nos meus vídeos ao vivo, eu pergunto aos traders logo no início o que eles querem aprender.

E isso nunca falha:

SEMPRE haverá uma pergunta sobre como a renda proveniente de trading vai ser taxada. Geralmente, é um novato com uma conta de $10.000.

Mesmo que seja uma pergunta válida, não deveria ser uma grande preocupação - AINDA.

Veja como funciona o sistema tributário: você só paga impostos sobre os LUCROS que faz!

Se você é novo no trading, você deveria estar preocupado com UMA COISA e só ela. Que coisa é essa?

Como ser LUCRATIVO.

Se você está muito preocupado com os impostos, não se preocupe. Qual meu conselho? Se seus impostos excederem o valor do seu carro, contrate um contador. Se não, você está ok, fique tranquilo.

Nesse ponto, você precisa se preocupar sobre trading e como ser lucrativo como um trader.

Concentre-se em ganhar dinheiro primeiro, ENTÃO você pode se preocupar em como isso está sendo tributado.

Assim que você começar a ganhar dinheiro com trading, você pode cruzar essa ponte. Além disso, Há pessoas que trabalham comigo que podem te ajudar.

O fato é, conforme seu empreendimento de trading cresce e evolui, as coisas vão mudar e você vai ter que tomar novas decisões. Mas por agora, não se precipite. **Fique focado na tarefa atual — Tornar-se em um trader lucrativo.**

Não se preocupe com coisas que você não pode controlar e pontes que você ainda não cruzou. Foque na tarefa atual. foque em aprender uma estratégia lucrativa e como ganhar dinheiro operando.

Foque em ganhar dinheiro primeiro.

Lembre-se: **Quando você pode preencher um cheque para resolver um problema, você não tem um problema**!

ERRO #6: Não Ver o Mercado como um todo

Dito isso, você precisa ver todo o mercado quando você começar a operar. Assim como eu não quero que você se preocupe demais com aqueles infinitos "e se", Eu também não quero que você fique tão atolado em uma operação que todo o resto comece a se apagar.

Mantenha todo o mercado em perspectiva em todos os sentidos da palavra.

Alguns trades negativos não devem causar um REAL impacto em seu progresso geral, desde que você tenha um plano sólido. Agora, VOCÊ TEM.

Embora eu veja isso acontecer muito. Eu falei com um Trader que fez uma excelente performance por meses e então experimentou 6 perdas em sequência. Isso acontece, eu, pessoalmente, atribuiria isso a um dia ou semana ruim. Todos nós temos e sempre teremos.

Repentinamente, esse trader está a deriva, o vento não bate mais em suas velas. Embora seu plano tenha gerado lucros para ele por MESES, ele começa a questionar tudo. Seis trades negativos seguidas e agora ele está pronto para mudar seu plano — trocando-o por um novo não testado e não provado?

Minha resposta? - Não...apenas não!

Esse trader NÃO TEM que trocar seu sistema ou reinventar seu plano. Ele precisa acalmar-se, respirar e seguir em frente. Ele teve seis operações negativas em sequência. Até então, ele teve sucessivas vitórias que envergonharam essa experiência negativa. Ele não pode esquecer-se disso. **Eis porque o Diário de Trading é Importante.** Ele precisa se controlar e continuar.

Sempre tenha o todo como perspectiva.

ERRO #7: Medo de Perdas

Trading é um jogo de números — e você precisa saber seus números. É por isso que sugiro que você precisa colocar pelo menos 40 operações em um simulador antes de realizar qualquer estratégia — porque você precisa conhecer seus números de trás para frente e de frente e para trás.

Nesse sentido, você também precisa entender as perdas e saber o que esperar — esse exercício de 40 operação ajudará você com isso. Se você está apenas começando ou já está no trading a décadas, entenda que perdas são uma grande parte desse empreendimento.

Você não pode e não vai ganhar dinheiro sem ter trades negativos

Qual sua função? Diminuir riscos e manter suas perdas pequenas.

Você também tem que manter a cabeça no jogo, o que é impossível se você está obcecado com perdas potenciais.

Aquilo que nós focamos acontece. Foque em perdas, e é ISSO que vai acontecer — e isso não é bom. Você já ouviu isso antes, tenho certeza.

Alguém grita,

"Não pense em um elefante rosa com unhas vermelhas!"

Em uma fração de segundos, a ÚNICA coisa em que você pode pensar é um elefante rosa com unhas vermelhas. É assim que nossa mente funciona.

O mesmo conceito se aplica no trading. Se tudo que você pode imaginar é que você vai perder, VOCÊ IRÁ. isso ocupar seus pensamentos e dominar seus dias. isso certamente levará para fora desse empreendimento.

Nosso cérebro não entendem o conceito da palavra "não."

Quando você diz, "*Espero não ter outra perda,*" seu cérebro ouve "*Espero ter uma perda*" e fará tudo o que for possível para assim ser. Seu cérebro vai se certificar "magicamente" que você não opere nenhuma operação vencedora e só escolha as perdedoras, isso nunca falha!

Embora eu saiba que ser positivo dia após dia é mais fácil falar do que fazer, você tem que tentar. Você tem que manter a cabeça erguida e saber que está nisso para ganhar dinheiro. E você precisa se preparar psicologicamente, caminhando em direção ao seu computador com uma atitude decidida de "vou conseguir". Esses são os Traders que ganham dinheiro.

Pessoalmente, é por isso que gosto da Estratégia PowerX. Ela me deixa com uma mentalidade melhor porque é fácil de usar e é comprovada e quando estou com um pensamento positivo eu tomo decisões melhores.

ERRO #8: Operar sem Limites

Eu vou dizer isso mais uma vez: *você precisa de um stop-loss.* Para CADA operação, você precisa conhecer o risco e você precisa saber o quanto está disposto a arriscar. Quando você está nessa batalha, a loucura continua sem parar — é você contra o mercado. Esta é uma parte fundamental do seu plano de trading!

Você precisa de um limite de perda diário, semanal, por operação, etc. Você também deveria configurar um "limite de risco catastrófico" na sua conta. Isso significa que se você perder uma quantia pré definida de — 10%, 15%, 20% — você será bloqueado de operar na sua própria conta.

Novamente, esses bloqueios não têm como objetivo impedir você de operar ou te impedir de usar sua estratégia. Uma série de perdas acontece até com os melhores traders com os sistemas mais inteligentes e estrategicamente sólidos. Mas, dito isso, não há razão para se lançar em uma queda livre. Nós somos traders, não apostadores.

Diminuir riscos, saber quando sair, respirar fundo e continuar. É assim que funciona, essa é a realidade. É melhor abraçá-la agora do que deixar que as perdas o arrastem para baixo e o derrubem.

ERRO #9: IMPLODINDO

Isso acontece quando você não tem os limites estabelecidos. Tudo começa a girar fora de controle, e você não tem sistemas para diminuir a velocidade de sua descida. Se você se esquivar do erro número oito, provavelmente poderá se esquivar deste também. Mas se não conseguir, você pode se encontrar facilmente na zona de implosão.

Eis alguns cenários:

Operar implosões tendem a acontecer com traders que estão em um mercado lento. Você está esperando por oportunidades e, ainda assim, nada acontece. Então você espera e espera até que uma vozinha irritante na sua cabeça comece a dizer, "*Você tem que operar para ganhar dinheiro, amigo. Se você não estiver operando, você não estará ganhando nada.*"

Você sabe que seu plano diz para você esperar até a oportunidade certa que, alguns dias, pode não aparecer. Relatórios importantes que afetam o mercado são lançados. Reuniões da Federal Reserve. até mesmo um feriado no meio da semana. Por alguma razão, o mercado está quieto e você começa a ficar ansioso.

Você precisa manter uma perspectiva ampla e não se prenda a sentir que DEVE operar quando não houver uma oportunidade real. Como trader, você não ganhará dinheiro todo dia. Eu não ganho — e eu não deixo isso me incomodar.
Mas se você estiver sem fundos, os mercados estão lentos, você sente essa imensa pressão para operar *e você não tem limitadores que te mantenham*, é fácil acabar em uma implosão total.

Outra maneira de implodir? Operar sem testar.

Aqui temos um cenário: Você tem observado as coisas de perto há algum tempo e tem certeza de que apenas alguns ajustes na estratégia que você está trabalhando com sucesso produzirão resultados ainda melhores. Então você observa ainda mais atentamente e nas próximas operações *você prova que você pode estar certo*. Naturalmente, você integra os ajustes nos próximos trades e eles funcionam como esperado.

AGORA você está realmente PRONTO para começar a operar desse jeito — sem passar pelos 40 trades no simulador. Essa é a receita para o desastre como eu disse antes.

Tem um velho ditado no trading que ouvi tanto que não posso mais contar.

Se uma mulher tem um dia ruim, ela compra um novo par de sapatos.

Se um Trader tem um dia ruim, ele compra uma nova estratégia.

Como traders, você é mais suscetível ao novo, e ao que ainda não foi testado nem provado, quando você está em crise. Se você está ganhando dinheiro com seu sistema é em grande parte devido ao fato de que você testou exaustivamente sua estratégia em mais de 40 trades e ganhou confiança como resultado. Introduzir novos fatores sem testá-los primeiro simplesmente não é o caminho certo a seguir e você já sabe disso!

Lembre-se: *A grama é sempre mais verde do outro lado porque é fertilizada com besteira!*

Então, é provável que você está mantendo o curso e seguindo o sistema que tem seguido porque tem funcionado bem até aquele ponto.

Qual o meu conselho? **Em uma crise, evite distrações.**

Você está muito suscetível e é aí que más decisões são tomadas. Prometa a si mesmo que não fará nenhuma modificação em sua estratégia até que tenha comprovado um número suficiente de operações e que elas de fato vão ajudar. Quando isso acontecer, você estará em uma posição melhor e será capaz de tomar decisões mais inteligentes, estratégicas e significativas.

Aliás, é melhor você testar novas estratégias de trading ao lado de sua estratégia antiga, até que fique claro que a nova é verdadeiramente superior.

ERRO #10: Tentar Vingar-se do Mercado

Existem certas pessoas que desejam vingança. Quando elas sentem que foram injustiçadas, elas ficam pensando e pensando sobre isso por horas.

Eu admito que cai no cíclo de "tenho que me vingar" mais que só algumas vezes. Eu tentei não cair — realmente tentei. O que ser vingativo já trouxe de bom? Mas as vezes é realmente difícil. Às vezes, você se feriu e a única coisa que fará você se sentir melhor é tentar ferir de volta.

Então, vamos tirar isso do caminho: você não pode se vingar do mercado. isso não funciona desse jeito.

O mercado é o mercado, e ele pode facilmente humilhar até os melhores e mais experientes de nós.

Trading por vingança? Simplesmente não funciona. E, realmente, não faz SENTIDO.

Lembre-se:

- O mercado não lhe deve.
- O mercado não sabe se você teve uma operação positiva.
- O mercado não sabe se você teve uma operação negativa.
- O mercado não sabe se você está com uma sequência boa.
- O mercado não pode — e nem vai — ser forçado. E nem percebe que você está tentando forçar a barra.
- O mercado não se vinga e você não pode se vingar do mercado.

Embora tudo isso pareça óbvio, às vezes você precisa se lembrar — porque às vezes o impacto é forte. Em suma, não se vingue do mercado — ou, mais precisamente, não tente se vingar do mercado. O mercado não se importa e o mercado nunca se curvará a sua vontade.

É uma perda de tempo, energia e recursos tentar. Basta respirar e seguir em frente. O mercado dita o que acontece e o que não acontece.

Siga seu plano e, como resultado, continue tomando decisões inteligentes e estratégicas.

CAPÍTULO 8

O que é Preciso para ser um trader?

Tudo reunido para responder a grande pergunta: Você tem o que é preciso para ser um trader?

Eu realmente acredito que QUALQUER UM pode ganhar dinheiro como Trader. É preciso paciência, foco e desejo de desenvolver, realmente, uma mentalidade de Trader.

Então, vamos fazer um teste rápido que sempre faço em meus eventos ao vivo.

Qual o objetivo objetivo? Ver quem é o trader perfeito. para participar, marque a caixa ao lado de todos os que se aplicam a você ou imprima o questionário em PowerXStrategy.com/gift

- o ***Eu sou responsável pelas minhas decisões.***

VOCÊ está seguindo o plano, você TAMBÉM é o único que é responsável por flutuar ou afundar como trader. Se as coisas não estiverem indo do seu jeito, você pode até apontar o dedo diretamente para mim e dizer, "Markus disse isso e aquilo."

Mas, no final do dia, eu sou responsável pelos meus trading e você pelos seus. eu posso dar-lhe as ferramentas, recursos e conhecimentos de que necessita para ter sucesso como trader. Porém, independentemente da sua decisão ela é sua responsabilidade.

- o ***Eu entendo que perdas são parte do empreendimento.***

No capítulo anterior, nós falamos como traders precisam abraçar a noção de perda — nem toda operação vai ser um sucesso. E se for? Liga-me. Eu quero te ver em ação, assim como outros milhares de traders, líderes financeiros e acadêmicos.

Eu brinco, mas no final do dia, eu entendo porque isso é tão desafiador. Por toda a nossa vida, somos julgados por nossa capacidade de NÃO cometer erros. Quanto menos erros fizermos em um teste, melhor será a nota. Quanto menos erros cometemos em nosso trabalho, mais bem-sucedidos somos. Quanto menos erros fizermos na quadra ou no campo, melhor será o jogador que as pessoas acham que somos — e mais nosso time ganhará.

Trading segue o mesmo padrão. Assim como com qualquer coisa na vida, haverá erros e perdas. Reduzi-los e aprender com eles pode ser confuso e complicado. Você precisa entender que não existe um "jogo perfeito". O objetivo é usar um sistema comprovado que mitigue riscos, reduza erros e perdas e aumente nossos lucros. Quanto antes você aceitar que TERÁ perdas — mais cedo você poderá ter sucesso como trader.

- ***Eu aceito que, no início, não serei totalmente compensado pelo meu tempo.***

Eu sei, eu sei — você investiu tempo lendo este livro e trabalhando com a Estratégia PowerX e agora você está preparado para ganhar dinheiro.

Mas você não vai - não imediatamente, de qualquer forma, lembre-se,

Existem QUATRO FASES ao ser um Trader.

1. Perder dinheiro
2. Perder um pouquinho de dinheiro
3. Ganhar um pouquinho de dinheiro
4. Ganhar muito dinheiro

No início, você provavelmente estará nas duas primeiras fases, não importa o quanto tente e o quão bem você se prepare. Porém, quanto mais se preparar, maiores são as chances de se tornar um trader em um futuro não tão distante. Mas, no início, você não será totalmente compensado pelo tempo dedicado no seu empreendimento como trader.

Lembre-se que pagará no futuro. Às vezes, você terá que se lembrar bastante disso.

- ***Eu entendo que meu plano é um trabalho em andamento.***

Seu plano vai mudar — você aprenderá com seus erros, você aprenderá com seus acertos, de todo jeito, você APRENDERÁ. Qual a melhor maneira de eliminar a desordem e desenvolver seu plano? **Escreva o por inteiro** — o bom, o mau, o feio, o muito feio. Isso impedirá que você cometa os mesmos erros repetidamente, enquanto te lembra do que funcionou no passado. Isso leva segundos, e verdadeiramente, valerá centenas, milhares ou mesmo milhões de acertos.

Alguns exemplos do que aprendi dos meus trades passados?

>Não opere na Black Friday.

>Não opere se estiver doente.

>Não opere se estiver preocupado.

Recentemente, um locatário de uma das minhas propriedades me mandou uma mensagem dizendo que seu aquecedor de água não estava funcionando. Eu estava distraído mas tentei deixar esse problema para depois até eu terminar de operar. Adivinhe? E cometi erros estúpidos e perdi dinheiro e isso é de minha responsabilidade.

- ***Eu revejo meus trades diariamente, semanalmente e trimestralmente.*** Se você ainda não tem, **MANTENHA**

UM DIÁRIO DE TRADING. Extratos de conta não são suficientes!

Sabe a boa notícia? Se você não tem um sistema para escrever um diário de trading, é muito simples e direto. Vou até mostrar-lhe no próximo capítulo.

- ***Eu nunca vou parar de aprender.***

Aprenda pelo seu diário sobre cada operação que você faz. Veja o que está acontecendo. Veja o que está funcionando, e igualmente, o que NÃO está funcionando. Se você conseguir entender a chave disso, ótimo. Se não, então concentre seu tempo e talento em fazer MAIS do que funciona e MENOS do que não funciona.. Simples assim.

- ***plano é meu.***

Todo trader é diferente em tamanho de conta, tempo disponível para operar, preferência de risco e diversos outros fatores.

Você tem um plano e este é SEU plano.

Esse não é o plano de outra pessoa. Eu tenho meu próprio plano. Eu não tenho o plano do Jeff ou da Jane ou do Steve. Eu tenho o MEU plano. Você tem o SEU plano. E isso é tudo que há para se fazer. Tome posse. Seja proativo e tenha orgulho. GANHE DINHEIRO — e tenha sucesso.

- ***Eu sou responsável pelo meu próprio destino.***

Independentemente se conseguir ou não ser um trader a

responsabilidade é sua. Você está lendo este livro e trabalhando com a Estratégia PowerX porque deseja aprender — e você quer aumentar sua riqueza de longo prazo. Ao fechar este livro, você está por conta própria. Você vai afundar ou nadar? Voar ou cair? Gerar riqueza ou sair do caminho? Você é quem decide. É o SEU destino.

Quantas caixas você marcou?

Se você marcou todas elas, bom para você: você tem o que é preciso para ser um trader.

Se você não conseguiu marcar todas as sentenças acima, leia-as novamente e pense sobre.

Pois ao operar, a mentalidade certa é mais importante do que a melhor estratégia, porque se sua cabeça não estiver no lugar certo, você tomará a decisão errada quando for mais importante.

CAPÍTULO 9

Conheça seus números, A Importância de um Diário de Trading

Farte do que é preciso para ser um trader de sucesso, estar monitorando continuamente suas posições. Embora isso possa parecer demorado, na verdade não é — se você manter um diário de trading.

Você não pode confiar nos extratos da conta para contar a história toda. uma simples planilha no Excel ajudará você manter tudo junto em um formato simples, fácil de ler e digerir. **Vou até lhe dar um com o qual você possa começar em PowerXStrategy.com/gift**

Qual o único problema? Um diário realmente significativo depende de cada trader. Se você não anotar consistentemente as informações no seu diário ou não colocar informações que serão necessárias e desejáveis no futuro, seu diário vai ser, basicamente, inútil. Não é isso que você quer.

Até mesmo um diário bem básico irá mostrar-lhe o quão lucrativo você é semana após semana, mês após mês, ano após ano e em todos os períodos intermediários. Isso é particularmente útil quando você tem um dia ruim ou período particularmente baixo.

Algumas perdas podem desestabilizar até os melhores e mais estáveis traders. Quando isso acontecer você terá o seu diário para se apoiar, dando-lhe uma perspectiva geral séria, que te ajudará a permanecer no caminho certo — e no seu sistema.

Elementos importantes de um Diário de Trading

Seu diário deve incluir algumas informações cruciais como:

- Qual a sigla da ação?
- Quando você entrou? Quando você saiu?
- Qual foi o preço de entrada? e de saída?
- Quantidade de ações?
    - Se for opções. Quantos contratos? Calls ou puts?
- Em que tipo de mercado você entrou?
- Qual estratégia foi utilizada?
- Foi uma operação lucrativa ou negativa?

Diário de Trading para a Estratégia PowerX

Data de Entrada	Sigla	Compra/ Venda	Quantidade	Preço de Entrada	Data de Saída	Preço de Saída	Bruto		Líquido	Comentários
							Lucro / Perda	Comissões	Lucro / Perda	

COLUNA 1: Data de Entrada
Isso é auto explicativo — essa coluna mostra QUANDO você entrou em uma operação. O melhor é colocar também a hora do dia em que você entrou nessa operação

COLUNA 2: Sigla
Você está operando TSLA? AMZN? AAPL?
Inclua a sigla da ação que você está operando.

COLUNA 3: LONG ou SHORT?
Você comprou ou vendeu? Se foi opções, calls ou puts?

COLUNA 4: Quantidade de ações
Com quantas ações ou contratos você operou?

COLUNA 5: Preço de Entrada
Insira a que preço você comprou ou vendeu.

COLUNA 6: Data de saída
Simplesmente insira em que dia você saiu da operação. Isso ajudará você a analisar quanto tempo, em média, você fica em um trade.

E você pode descobrir correlações importantes entre a duração de seus trades e se eles são positivos ou negativos. você pode até mesmo colocar uma nova coluna de "número de dias" se quiser. Você aprenderá muito com esta estatística.

Por exemplo, Eu descobri que meu "ponto ideal" é segurar um trade de 3 a 20 dias e sempre que eu opero por mais de 20 dias, geralmente é um trade negativo. por causa disso, Eu simplesmente adicionei uma regra ao meu plano que diz, "Saia de um trade depois de 20 dias, mesmo se nem o stop loss ou o lucro alvo foram atingidos." Essa informação é poderosa!

COLUNA 7: Preço de saída
Nessa coluna você colocará em qual preço você saiu da operação.

COLUNA 8: Lucro bruto ou perda
Depois de sair da operação, anote quanto dinheiro foi ganho ou perdido.

Isso é importante para calcular indicadores de performance importantes como Fator de Lucro, Média de operações positivas, média de operações negativas, média de lucro por operação, etc.

COLUNA 9: Comissões
Coloque quando foi pago em comissões nas operações. Isso é importante para analisar o impacto dessa taxa no seu trading.

COLUNA 10: Lucro líquido ou perda
Basta subtrair a comissão de seu lucro e prejuízo bruto e você obterá o lucro e prejuízo líquido. Se você deseja acompanhar sua porcentagem de lucro ou perda, basta adicionar uma coluna para isso.

COLUNA 11: Comentários

ESSA é provavelmente a coluna mais importante. Depois de sair do trade, Dê uma outra olhada nele e escreva o que você aprendeu.

Você o executou de acordo com seu plano? Você violou algumas regras? Você cometeu algum erro? ESTA coluna o ajudará a aprender rapidamente com seus erros e garantir que não os repita. Afinal, se tratando de trading, erros usualmente custam dinheiro.

Você pode dar um passo adiante, adicionando colunas para algumas dessas perguntas específicas que deseja acompanhar. Se você fizer isso, pode simplesmente inserir "Sim" ou "Não" no campo para que possa ser mais fácil de verificar e analisá-las.

Maximizando o Coluna de Comentários

Tenho mais algumas dicas sobre a coluna dos comentários:

Nesse campo eu incluo o que aconteceu durante a operação, *"short trade e um sinal claro que funcionou a meu favor"*.

Ou às vezes eu indico que *"eu não gostei da operação mas entrei mesmo assim"* o que me levou a cometer um erro.

Coloque o máximo de informações possíveis.

Quando você estiver revisando seu diário semanalmente, ter essas informações vai te ajudar a checar seu desempenho e suas falhas, mesmo se você estiver longe do mercado de uma operação particular por alguns dias.

Conforme você passa por tudo, vai querer se perguntar constantemente: O que eu poderia estar fazendo melhor? O que eu preciso melhorar? O que funcionou — *e o que não funcionou?*

Como eu sempre digo, ***Não é sobre o objetivo, é sobre a pessoa que você precisa se tornar para atingí-lo***. Seu diário é uma peça fundamental para isso.

O que você vai descobrir

Ao analisar seu diário de trading, você pode descobrir algumas tendências interessantes em seus trading.

Por exemplo, você pode descobrir que está ganhando mais dinheiro com suas operações de longo prazo do que as de curto. Então. O que você deve fazer? Focar apenas em operações de longo prazo, e não operar as de curto.

Ou você pode descobrir que trades que duram mais que 20 dias são tipicamente operações negativas. Você pode adicionar uma regra de sair de qualquer operação depois de 20 dias.

Você pode descobrir que ao operar ações com o preço abaixo de $50, você perde dinheiro com mais frequência do que em ações com preços acima de $50. Se esse for o caso, crie uma regra em seu plano de trading que diz, "Só opere ações com preço acima de $50."

Repita esse processo por algumas semanas ou meses e,

inevitavelmente, certas tendências, atalhos e preferências ficaram claros. Aja de acordo com eles e não pare de analisar suas operações.

Esta é, sem dúvida, a solução mais simples para melhorar seus trades em um curto período de tempo.

Como arquivar seu Diário

Nota: Certifique-se de arquivar seu Diário on-line.

Eu tinha um aluno que me mandava seus registros por fax — ele imprimia a base, escrevia a mão e depois me enviava pelo fax. Não faça isso. Mantenha seus registros on-line para que você sempre os tenha acessíveis e prontos para serem atualizados. Isso também ajudará você a compartilhá-los com mentores no futuro.

Sobre ferramentas para criar um diário, Eu sugiro usar a planilha Excel ou o Google Spreadsheet porque ficará muito mais fácil fazer alguns cálculos simples e até mesmo classificar os dados para análise.

Presente Especial para você:

Se desenvolver seu próprio diário parece ser cansativo, fornecemos um de nossos modelos para download aqui:
PowerXStrategy.com/gift

CAPÍTULO 10

Planeje sua Própria Rota

Se você não se lembrar de mais nada desse livro lembre-se disso:

Você não precisa estar à mercê do iceberg.

Para cada navio inafundável — para cada Titanic — há um iceberg esperando à distância para desafiar seu casco. Para cada tendência de mercado aparentemente interminável, há uma crise esperando logo a frente. Para cada subida, há uma queda. Para cada ganho, há uma perda. Para cada conquista, há mais uma falha.

Isso não é para te deprimir — pelo contrário. **Porque a realidade é que, mesmo durante as quedas, nas crises e os desastres totais, as pessoas estão ganhando dinheiro.**

Nem todos. Nem mesmo um pedaço considerável. Mas alguns ESTÃO — e sempre será assim.

Há pessoas de lancha contornando icebergs. Eles são as pessoas que parecem ser a exceção à regra. Quando o mercado está em alta, eles estão crescendo. Quando mercado está em baixa, eles também estão crescendo. Isso parece injusto. Mas, mais ainda, parece completamente inevitável.

Eu quero que você seja uma *dessas pessoas.* Pare de invejar e SEJA INVEJADO. Pare de se preocupar com a crise e aprenda a abraçar e, até mesmo, aproveitar seu poder. ***Pois a crise está chegando e dessa vez, você pode estar preparado não apenas para passar por ela, mas se destacar como um resultado direto disso.***

Isso começa aqui, com o processo de operar ações e opções — A Estratégia PowerX – descrita nesse livro. continua todo dia enquanto você verifica suas posições, faz suas entradas e saídas e realiza lucros.

Tenho um último conselho para você: considere encontrar um coach ou mentor. Um dos maiores desafios em se tornar um investidor consistente e com sucesso é se questionar, especialmente se você tiver em um dia ou semana ruim ou se as condições de mercado mudarem. Eles podem te manter no jogo e garantir que você esteja tomando decisões estratégicas inteligentes. O coach ou mentor certos vão te ajudar a ser responsável, manter sua perspectiva e te orientar com sabedoria e inteligência.

Se o que você leu aqui faz sentido para você e você está dizendo a si mesmo: "Sim! ISTO é o que venho tentando entender sobre os mercados. Finalmente eu tenho o que preciso para ter sucesso!" então você pode querer se inscrever para ser assessorado com nossos coachs na Rockwell Trading.

Ao escolher um mentor, você precisa de alguém que lhe explique o mercado de uma maneira que você possa ENTENDER, que tenha um histórico positivo de mentoria para traders em diversos mercados, que vai te ajudar a desenvolver um plano de trading e te ajudar a ser responsável ao seguir o plano!

Quando você estiver pronto para levar suas operações para o próximo nível, você pode ir para PowerXStrategy.com/gift para se inscrever nos nossos programas de coach (Disponíveis somente em inglês)

Vamos conversar e te ajudar a desenvolver um plano de trading personalizado e próprio para o tamanho da sua conta e necessidades. Um plano que será útil mesmo se você não estiver totalmente pronto ainda.

Mentoria não é para todo mundo.

Não é para aqueles que buscam a fórmula mágica de enriquecimento.

Não é para aqueles que pensam que vão transformar $10.000 em $1.000.000.000 em um ano.

Não é para aqueles que não estão pronto para tratar o trading como um empreendimento real.

Então. Para quem é?

Trading é para você se você está pronto para viver a vida que você e sua família merecem.

Trading é para você se você estiver preparado para substituir seu salário e finalmente pedir demissão do seu emprego.

Trading é para aqueles que têm a urgência de mudar de vida agora mesmo!

Para aqueles com o compromisso de seguir um sistema comprovado.

Para aqueles que estão dispostos a aprender com quem veio antes deles.

Para aqueles que são decididos e fazem acontecer.

Para aqueles que estão qualificados financeiramente e mentalmente para levar sua jornada no mercado para um outro nível.

Se você se encaixa, então não podemos esperar para ouvir sobre a sua jornada no trading e avaliar juntos se a Rockwell Trading será uma boa opção para viajar contigo em sua próxima etapa para a liberdade que você deseja.

Vá para **PowerXStrategy.com/gift** para preencher a inscrição e escolher o melhor horário para se reunir com nossos mentores e nós te ajudaremos a criar um plano de trading personalizado como nosso presente para você. (Só disponível em Inglês.)

É assim que você irá crescer como Trader.

Estude essas informações, pratique e então as execute. É ASSIM que você desviará dos icebergs e das crises *que acontecem e vão acontecer pelo resto da sua vida como trader*. O mercado está sempre mudando, mas, se você aproveitar os princípios e processos do PowerX, isso não vai importar. Porque você estará preparado para não apenas navegar pela tempestade, mas sair NO TOPO — Hoje e amanhã.

Novamente, vá para PowerXStrategy.com/gift para preencher a inscrição e escolher o melhor horário para se reunir com nossos mentores e nós te ajudaremos a criar um plano de trading personalizado como nosso presente para você. (Só disponível em Inglês.)

Nós estamos aqui para ajudar você a dar os próximos passos em sua jornada como trader!

Um brinde a seu sucesso!

Markus Heitkoetter

Made in the USA
Monee, IL
04 November 2026

67386586R00085